グローバル化のなかの日本再考

青木一能 編

芦書房

序文

グローバリゼーションという激流は日々異なるうねりを生じさせながら地球の隅々に様々な影響を及ぼしている。その激流に日本も無関係ではない。激しい市場競争主義の浸透は日本社会の長年の仕組みや文化さえも押し流す勢いをみせている。少子高齢社会や財政赤字の深刻化といった、将来を決定的に左右する国内の難問とともに、グローバリゼーションは日本社会のゆくえに強い懸念と不安材料を与えている。

それに対する現在の安倍晋三政権は、成長路線に基づくアベノミクス、世界に日本の積極的平和主義を売り込む地球儀外交など、派手な政治パフォーマンスを展開してきた。政権側はその内外政策を自画自賛しているものの、それらが本当に日本社会に好ましい影響を及ぼすか直ちに判定することは難しい。

各種の政策コストに対して、それが現状を改善・発展させるのか、あるいは現状をさらに悪化させるのか、我々納税者は真剣に注視していかなければならない。政策決定者は自らの公職中に失政があった場合、その一般的な責任の取り方は「辞任」であり、時には体調不良による緊急入院あたりでカタをつけることさえある。それがいわゆる「禊ぎ」として容認される政治文化が日本にはあり、爾後の責任の追及は曖昧な形で雲散霧消する。しかし、そのツケは結局国民に回され、増税や公的サービスの削減など、日常的な混乱や不安に繋がることになる。

それらの不安感を少しでも解消し、政策決定者に失政なきよう促すのは、やはり国民が常に政治をみる目を養い、内外の情勢に日頃から関心を寄せていく姿勢であろう。そのこと自体が自らの生活や将来の安心・安定への処方箋であるといえる。とくに世界の稠密化を深化させるグローバリゼーションの時代には、外部要因が国内の政治経済、そして社会に及ぼす影響が大きいだけに、ややもすれば内向きになりがちな視線を外に向ける必要がある。

本書はこうした想いから企画された。ただし、この種の意図をもって出版された専門書はすでに数多い。そこで本書は、様々な実践の場で活躍する三〇代、四〇代の若手執筆者を中心に、日本が抱える問題や今後の在り方を各自の視点から考えようとした。また、時あたかも編者が大学における長年の教鞭生活に終止符を打つ時期と重なったこともあり、これまでに所属した大学、大学院、研究会で指導した人たちに執筆を呼びかけた。その意味では、本書は私の退職記念出版に相応する。もとより、これらの「教え子」以外にも、同僚研究者や国内外の大学の学者にも参画をお願いした。

いずれにせよ、多くの協力者を得て本書は編まれた。執筆者に改めて感謝の意を表したい。なかでも、提出原稿に丁寧に目を通してくれた六辻彰二君にお礼申しあげる。彼は今後益々存在感を増すアフリカの研究者として大いに期待される人材である。

また、私の研究活動に少なからぬ支援をいただいたワンアジア財団、並びに日本大学文理学部のご厚意にも深謝したい。

そして最後に、長年の付き合いのなかで数冊の私の本を上梓してくださった芦書房の中山元春氏には、今回もご尽力をいただいた。今後とも私の執筆活動の賛助者たることをお願いするとともに、ここに改めて感謝を申し上げたい。

二〇一七年三月

保護犬「マックス」と「らら」を傍らにおき

青木一能

もくじ

第1章 グローバル化時代における日本のゆくえ

青木一能

1 混沌とする現状への不安

今日の世界において、圧倒的多数の人々が毎日の生活のなかで先行きに不安を感じ、悲観的な想いを抱きつつ暮らしているのではないだろうか。

世界各地で起こる異常気象の深刻化や感染症の頻発といった自然環境の脅威、各国共通に経験する経済格差の拡大や貧困の持続と社会的ストレスの増大、そして無差別殺戮を伴うテロリズムの横行や多発する暴力事件といった流血惨事など、日々の社会情勢の混沌が自らの生活や社会のゆくえを不透明なものにし、先行きへの不安感を強めさせているといえる。加えて、先進諸国や途上諸国のいずれも各々の国内に問題を抱え、その解決の目途を見いだせず苦慮している。しかもその帰趨には少なからず国外での変動が連動し、問題解決が極めて他律的要因に左右される状況がある。

無論、いかなる歴史においても混沌なき時代があったわけではなく、人間が生きるうえで少なからず不安定な状態は存在していた。しかしながら、二一世紀の世界は歴史的に例をみないほど内外情勢が稠密な連鎖関係を深めており、混沌をもたらす要因が内外情勢の複雑な交錯の下で発生することが多く、問題の解決に一層の困難さを付加している。

しかも、そうした状況下でも多大な利益を享受する人たちがおり、彼らにとっては現状を変更する必要性は生じない。社会的なストレスを背景にした現状変革への主張に対しても、急激な変革への主張と行動はむしろ混沌の促進要因として否定的に捉える傾向にある。これら現状を巡る社会における認識の乖離は、混沌に対する対応策を分散的かつ分裂的なものにし、結果として混沌の持続と問題解決の遅延に繋がっている。

一方、日本の社会でも未来に対して明るい展望を抱く人は少ないようである。二〇一四年度の内閣府大臣官房政府広報室による世論調査（「人口、経済社会等の日本の社会像に関する世論調査」）では、五〇年後の日本の未来に対する意識調査に関して「明るい」と答える人が七・

五パーセント、「どちらかといえば明るい」が二五・七パーセントであり、併せて三三・二パーセントであった。それに対して「暗い」が一八・五パーセント、「どちらといえば暗い」が四一・六パーセントで、併せて六〇・一パーセントになっている。この調査では、「暗い」と応えた人は六〇歳代以上の世代には少なく、とくに三〇歳代から五〇歳代までの世代が強い不安感をもっているとされている。

また、自身の将来については、「不安を感じない」が一一・三パーセント、「どちらかといえば不安を感じない」が一八・八パーセントで、併せて三〇・一パーセントとなっている。それに対して「不安を感じる」が二九・二パーセント、「どちらかといえば不安を感じる」が三九・八パーセントで、併せて六九・〇パーセントと、ここでも不安派が多数を占める結果になっている。この調査だけで軽々に日本人の将来観を判断することはできないが、日本人の将来展望を考えるひとつの指標を示していることは確かであろう。

なお、不安を感じる要素の上位には、「自分や家族の健康状態の悪化」（五〇・三パーセント）、「大地震などの大規模な自然災害の発生」（四七・九パーセント）、「社会保障や公的サービスの低下」（四一・一パーセント）が挙げられている。(1) つまり不安感の直接的な理由はごく身の回りの状況から判断されており、日本人の内向的な思考傾向を如実に表している。

しかし、日本が益々外的環境に影響を受けているという現実に鑑みれば、不安感の由来をあまりに周囲の環境に限定し過ぎることは一面的に過ぎる。国内における少子・高齢化問題や膨大な財政債務問題、そして原子力利用の安全性とコストの問題などなど、日本社会に重くのし掛かる難問が目白押しに押し寄せており、社会的不安感を醸成することは理解できる。しかしながら、対外面でも領土・領海を巡る中国や韓国との緊張関係や核兵器行使をちらつかせながらの北朝鮮の恫喝活動といった周辺諸国との緊張状況の高まり、頼みの綱とする米国の全く異質なトランプ大統領の登場など、ここでもまた社会全体に不気味な不安感を醸成するに十分な状況が存在する。すでにそうした緊張状況のなかで集団的自衛権行使への転換や軍備強化、それに伴う憲法改正論議の高まりは日本社会における分裂要素に浮上している。

いずれにせよ、近い将来において日本社会が取り組むべき問題は山積しており、そのこと自体が国民のあいだに先行きに対する不安感を増幅させていることは確かであろう。しかも、現在進行中のグローバリゼーションという状況は、世界を一層稠密な網目的ネットワークに結びつけており、全く無関係と考える問題がそのネットワークを通じて直接あるいは間接的に日本社会に衝撃的な影響を及ぼす可能性がある。

すでに遠隔地での金融・通貨危機によって日本経済が深刻な打撃を受けたことは体験済み

である。そこからしても、日本社会は国内の山積する難問の取り組みを図る一方で、外部世界の動向に鋭い感覚で対応を図っていかねばならない。つまりは現在の世界が経験しているグローバリゼーションという津波の動態を見極め、それが今後どのような影響を我々に与えていくかについて持続的な検討を重ねていく必要がある。

近年、日本において若者世代の思考や行動に冠せられた「内向化」は、若者世代のみに留まらず様々な社会の次元で広がっているように思われる。外向的な思考や行動の必要性に逆行するかの兆候もみられる。世界の稠密化と激しい変化が現実になっている状況に鑑みれば、「内向化」は厳に改めるべきものといわざるをえない。

2 グローバリゼーションとは

グローバリゼーションやグローバル化という表現はすでに日常的に使われており、今日の時代を象徴していることは誰もが認めるところであろう。しかし、その意味内容となると、さほど明確になっていないようである。それはグローバリゼーションが現在進行中の動態的な過程を指す言葉であり、その内容がいまだ完了形として把握されていないことによるだろう。

これまでにグローバリゼーションの意味内容については様々な角度からの指摘があり、それらは概ね世界の相互依存関係の深化といった点に焦点が置かれてきたと思われる。例えば、それらには「社会的相互作用の超大陸的な広がり」（D・ヘルドとM・マッグルー）、「近代の社会生活を特徴づける相互結合性と相互依存性のネットワークの急速な発展と果てしない稠密化」（J・トムリンソン）、「相互依存関係の網の目（ネットワーク）がいくつもの大陸にまたがって広がっている世界の状態」（J・S・ナイ）といったものがある。(2) また、「市場、国家、技術の情け容赦ない統合を伴っていて、その統合はこれまで誰も経験したことのないレベルであり、「世界規模で経済、社会の統合あるいは一体化が進展すること」（T・フリードマン）などがある。(3)

しかし問題は、そうした統合や稠密化を具体的に促す要素は何か、という点である。それを大別すれば、以下の三要素といえる。その第一は冷戦の終結であり、冷戦を戦った一方の側の体制原理である「市場主義経済」と「自由民主主義」の広がりといえる。もう一方の社会主義体制が実質的に敗退した後、冷戦の勝者となった西側諸国の政治や経済の体制原理が普遍的な価値として多くの国に浸透していった結果といえる。(4) ただし、政治面での体制原理は、独特かつ固有の「固い信念の政治文化」を有する国からは強い拒絶反応があり、すべての国が受容したわけではない。それに比して冷戦後に急速に世界的な広がりをみせたのは、市場競争主義を骨格とする自由主義経済であり、政治の体制如何にかかわらず、その経済原理を拒絶する国はほぼ存在しない。その意味で世界銀行のいうグローバリゼーションとは、「市場主義という土俵が世界中に広がること」(5)との定義付けは簡潔で分かりやすい。

第二の要素は、運輸・通信技術の革命的進歩といえる。運輸技術面では冷凍・冷蔵技術を伴うコンテナ化とともに、輸送の格段のスピードアップが実現されたことである。さらに新たな情報通信技術（IT）は「距離の死」、そして「時間の死」をもたらしたといわれるほどに、デジタル化された情報はあらゆる種類の情報を時間と空間を貫通して送受信できるようにした。まさにデジタル情報技術の発展と情報ネットワークの「収斂」は、世界そのものの「統合」化を促す原動力になっている。

そして第三には、市場主義経済の広がりと連動して多くの国における規制緩和や民営化といった一連の経済改革が実施され、政治的には「小さな政府」への指向と民間主導型の社会経済運営が促進されたことである。その下で先進諸国は継続的に自由貿易の拡大を目指す一方、多くの開発途上諸国では国家主導型の経済政策の転換がなされ、関税引き下げなどを通じた貿易の自由化と外国投資に対する障壁の撤廃を行うことになった。その結果、ヒト、モノ、カネ、サービスなどの自由な移動が容易になり、他方で当該国が位置する地域内での自由貿易化や経済統合が推し進められることになった。後者はリージョナリゼーションの動きの活発化といえるが、それはまたグローバルな自由貿易体制への進捗に少なからず効果を及ぼしつつある。

以上、グローバリゼーションとは三要素の影響の下、とくに市場主義経済原理を「接着剤」として、「世界が相互かつ複合的に結合し、超大陸的で稠密なネットワークを作り出している過程であり、さらにそれらのネットワークが地球内の様々な領域や空間に連鎖的に影響を及ぼしている動態過程」とすることができよう。ただし、その稠密なネットワークは地球の全域にすべて均質に行き渡っているのではなく、その影響も結果も均等ではない。世界のネットワーク化の現実はいまだ限定的かつ不均質であり、「調和のとれた世界社会が実現しつつあるとか、広くグローバルな統合が進むなかで文化と文明の収斂現象が起こっていると受け止めるべきではない」(6)といえるのである。

したがって、グローバリゼーションとは、「世界の（まだら模様の）結合」過程を意味しており、その「まだら」な結合状態のなかでグローバリゼーションのもたらす利益も極めて不均等なものになっている。そのために、グローバリゼーションに対する評価も賛否両面あり、受益者は現状維持の立場に、不利益を被ると考える側は不満やストレスを蓄積させ、現状の変革、場合によっては現状の破壊をも辞さないとの強硬姿勢さえとる。この両者間の溝が可及的速やかに埋め合わせられない限り、グローバル化した世界は不安定な要素を内在させることになり、すべての国や人々に直接間接、さらに正負両面の影響を与えることになる。

3 グローバリゼーションの光と影

さて、どのような物事にも明暗両面がつきものである。グローバリゼーションも例外ではなく、その動態過程において光、すなわち正の側面もあれば、それに反して影すなわち負の側面もある。

光の部分については、世界経済の活性化という明らかな効果を指摘できよう。冷戦の終結によって、二つに分かたれていた世界が一つになり、拡大した市場を通じて世界経済が飛躍的に成長軌道に向かったのは必然的な帰結であろう。なかでも市場ネットワークの稠密化は、世界貿易および海外直接投資を顕著に右肩上がりの上昇気流に乗せてきた。なお、図1－1

図1-1　グローバリゼーションの複合的連鎖

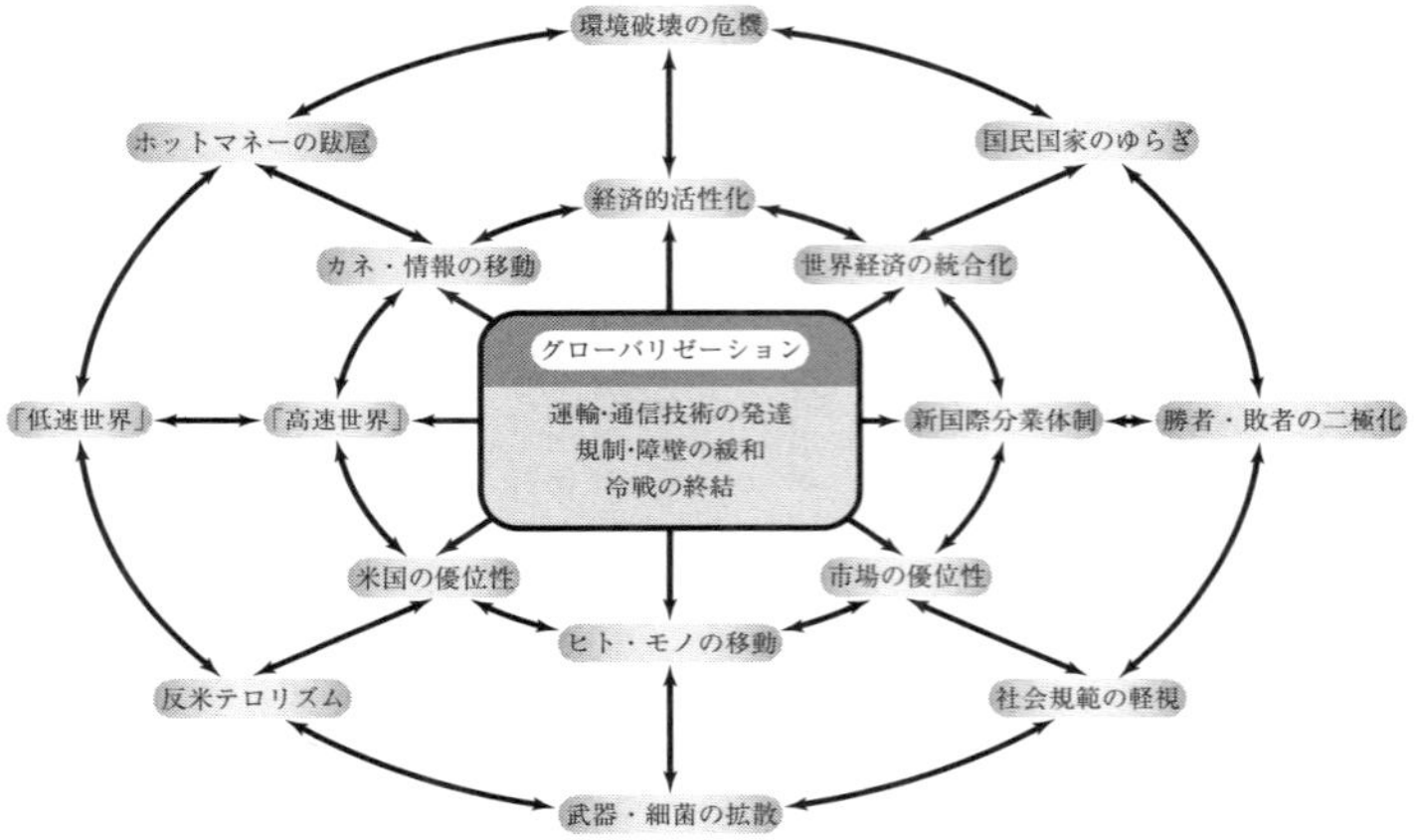

（出所）　筆者作成。

は、グローバリゼーションによって生ずると思われる項目を記したものであり、内縁部には主に「光」を、外縁部には「影」といえる項目を各々列挙している。それらの項目はいずれも複合的に連動し、影響し合っているものであり、「光」の一項目が単純に一つの「影」を生み出すというものではない。すなわち、すべての項目が直接・間接に連動しているという概念図としてみていただきたい。また、経済的な相互依存関係の深化は、外国為替取引の急激な拡大や新たな分業体制の形成にも現れている。金融取引のグローバリゼーションは最も顕著な側面であり、市場のグローバル化とともにグローバルな企業資本の影響力を高めている。しかしながら、数度の金融・通貨危機にみるように、大量の短期資本、いわゆるホットマネーの跋扈は資本受け入れ国の安定を左右し、同時に一部の国や地域で生じた金融危機を即座に地球大の混乱に連動させる危険性も増大させている。また国際的分業体制については、かつて開発途上諸国が資源と市場を提供し先進諸国が工業製品を輸出するという「垂直型」分業から、先進諸国の脱産業化という経済再編が行われるなかで、製造業生産は多国籍企業を通して開発途上諸国が担当することになり、そこに新たな分業体制が生まれている。つまり「水平型」ともいえる分業体制が一般化し、例えば、日本の製造業では海外生産比率は二〇一四年度に国内全法人ベースで二二・九パーセント（二〇一九年度には二六・二パーセントと予測される）と増大しており、なかでも輸送機械は四三・七パーセント、情報通信機械製品は三〇・四パーセント、はん用機械は二七・六パーセントなど高い割合を示している。(7)

この「水平型」分業体制のなかで、人口三〇億人を数える二四の開発途上諸国がグローバルな市場に参入し、製造業製品の輸出において著しい伸張をみせている。それに伴い同諸国の社会経済面での成長は顕著であり、世界銀行によれば、グローバル市場に参入したアルゼンチン、中国、ハンガリー、インド、マレーシア、メキシコなどの諸国は、開放度の高い貿易・投資政策、教育の普及・拡大政策、戦略的なセクター改革など一連の改革政策を実行するなかで、自国の豊富な労働力を活用する途を拓き、結果として成長と貿易のあいだに好循環作用を確かなものにしたとされる(8)。

こうした展開はグローバリゼーションの光の側面として積極的な評価を引き出し、さらに世界市場への統合は貧困削減にとっても強い力になりうるという、成長論に立つ一部経済学者の主張に活力を与えている。

他方、市場のグローバル化やグローバルな企業資本の影響力が高まるなかで、自由主義の浸透と「小さな政府」の構築と相俟って、国民国家という枠組みは弛緩し、国家の果たす機能の再編が行われている。多くの国の内部では、自己責任に基づく競争主義が喧伝され、社会福祉予算の頭打ちや削減にみるように、国家・政府の役割を縮小する傾向が強まっている。国家はその果たす役割という面で「揺らぎ」つつある。

しかし、世界経済の活性化とは裏腹に、約二〇億人を数える途上諸国ではマイナス成長に陥り、世界経済において一層の周縁化を余儀なくされているといえる。アフリカ諸国や旧ソビエト連邦内の一部の国々は、新たな分業体制の下で従前にも増して一次産品輸出への依存度を強めている。一次産品への傾斜は交易条件の変動に脆い一方、国内では資源の支配権を巡って民族や宗教を核とするグループ間の衝突といった蓋然性をも高めているとの指摘がある。[9] なぜなら、貴重な一次産品資源の確保は国内での権力掌握の源泉となり、政府はもとより反政府側の諸勢力もその掌握に躍起になる。実際、アフリカにおいて一九九〇年代には従前に比べてより多くの紛争（主に内戦）が発生し、多くのケースで資源の争奪が主要な対立因子になっていた。[10] 紛争の多発化は、当該国に経済の衰退、貧困の深化や社会的な混乱、そして政治的不安定化を招来し、持続的な対立や紛争再発という悪循環をもたらす。加えて、それは当該国内の混乱だけでなく、難民流出などを通して近隣諸国にまで連鎖的にダメージを与えることになる。

これら諸国の周縁化に関して、基本的には市場原理と利潤型生産を基礎にする資本主義経済のグローバリゼーションは、「寛容さ」を排除した優勝劣敗の競争主義の下で脆弱な経済や政治構造をもつ諸国をネットワークの外へはじき出すことになる。それら諸国の人々は一層敗者たる状況に追いやられ、富の分配におけるさらなる格差のなかに身を沈めることになる。

底辺から浮上するための手段や諸資源を有しない人々は、グローバリゼーションの激流に抗することもできず貧困と不安のなかに追いやられ、現状に対して強いストレスと憤りを抱える。彼らは、まさに二一世紀における「危険ゾーン」と呼ばれる世界に彷徨し、ややもすれば手段を選ばず現状の破壊や変革の活動に走ることになる。非イスラーム圏の若者たちまでもが過激派組織「イスラーム国」（IS）といった破壊活動を専らとする暴力的組織に身を投ずるのは、そうした状況を物語っているのではないだろうか。

さらに、現在のグローバリゼーションは先進国と途上国を問わずその内部において勝者・敗者という二極化をもたらし、いわばすべての国における「南北問題の撹拌現象」を生じさせている。それはまた世界においても僅かな富者と大量の貧者のあいだの格差に表れており、その有り様は「シャンペン・グラス」の形状に似た極めて不均等な配分の構造になっている。[11]その背景には、新たな経済体制下で競争条件に基づいた産業や雇用関係などの再編が行われる一方、グローバルな生産ネットワークや金融ネットワークに深く結びついた人々の利益の拡大がなされ、そこから外れた人々には生命の維持をも危うくするような状況が顕在化している。

世界銀行によれば、新貧困ラインの一・九ドル以下で毎日を生活する人々は二〇一二年段階で八億九六〇〇万人（世界人口の一二・七パーセント）、二〇一五年時には七億二〇〇〇万人（同九・六パーセント）と減少し、さらに二〇三〇年には極度の貧困は撲滅されるとしている。[12]しかし他方では、富裕層の資産増加はより著しく、資産一〇〇万ドル以上の富裕層人口は二〇一五年時に一七〇〇万人であり、世界の富の四一パーセントを占有しているとされる。[13]また、二〇一六年段階で僅か人口一パーセントの人たち（平均資産額は二七〇万ドル）が世界の総資産額の四八パーセントを占有し、残る人口九九パーセントの人口の資産を上回るほどとの指摘もある(14)。

これからみても問題は、貧富間の格差が一層拡大していることへの対応であり、成長と配分の適切な調整に基づく貧困対策と同時に、富裕層の極端な資産の独占、あるいは「富の偏在化」への対応も看過することはできないであろう。勝者へのインセンティブは排除すべきでないとの考えも強いが、少なくとも「カネがカネを生み出す」ような状態に法令遵守の徹底あるいは社会的規範の復権を含めた諸々の対策を講じる必要は否めないだろう。

しかし、先述のように、グローバリゼーションに伴う国家機能の再編のなかで、おしなべて各国では弱者救済のための社会保障や福祉政策など社会的安全網の策定に関して優先順位を低下させる傾向にある。それは今日のグローバリゼーションにおいて、国家と市場のあいだの力のバランスが変化していることに起因する。すなわち、グローバルな金融市場が発展し資本の流動性が高まると、国家は市場中心型の政策の実施を迫られ、財政赤字の抑制、歳出とりわけ社会財の規制、国際的に競合する企業に対する法人税の軽減、民営化と労働市場の規制緩和などが優先される(15)。

グローバルな紐帯関係の強まりのなかで、国家は伝統的な活動、すなわち国防、経済管理、保健、法と秩序といった領域の多くを単独のナショナルなレベルで処理することはできず、多国間型の協力形態を通して遂行せざるをえなくなる。それはとりもなおさず、個別政府の政策的判断や政策選択肢を国内的要請からのみ判断することを困難にさせている。多国間の自由貿易協定にみるように、国益推進のための協定といいつつも、ややもすれば国民のあいだにある利害関係を先鋭化させ、国内に深い亀裂を生み出す可能性も生じている。双方のあいだの調整はことのほか難しく、さらには多国間型の協力形態の制度化も不完全であるために、多くの国において政府と市民社会のあいだの関係と力学は不確実で分裂的な状況を生じさせることになる。

いずれにせよ、経済的側面に焦点をおいた場合、グローバリゼーションには光と影という局面が生じており、それらのゆくえ、さらには各々の局面のあいだに生ずる相互作用の先行きは不確定といわざるをえない。

4　グローバリゼーションの複合的連鎖

図1－1にあるように、グローバリゼーションによって生ずる現象は正負両面があって複雑であり、各々がまた複合的に連鎖し、時には急速に、時には時差をつけて影響しあい、予想もつかない結果を生じさせうる。そこで、グローバリゼーションによる変化と影響について、いくつかの領域から言及してみたい。

1　安全への脅威

金融、情報、輸送などのグローバルなネットワークが稠密化するなかで、安全保障の概念も大きく変化せざるをえない。すなわち、ネットワークの障害それ自体が世界的規模での混乱をもたらす一方、ネットワークに結びつくすべての行為主体が脅威を与えうる存在となる。また、グローバリゼーションと情報技術革命が組み合わされることによって、ほとんどのネットワークは合法性の如何にかかわらず利用可能であり、破壊的な目的を追求する世界中の個人と集団にとっては極めて大きな力の入手に繋がるといえる。[16]

すでに一九九九年の米国国防年次報告書では、「違法薬物の売買、海賊行為、兵器と戦略物資の不正取引などの国際的な組織犯罪はなくならず、それによって友好的な各国政府の正統性が損なわれ、主要な地域や海上交通路が混乱し、米国民の安全が国内・国外で脅かされている。……環境災害、野放しの移民の移動、その他の人的緊急事態が世界の地域を散発的に不安に陥らせている」(17)とし、超国家的な危険の広がりを憂慮しつつ、その対処が米国の安全保障の主な課題であるとしている。今日、安全に対するはっきりとはみえない脅威が存在している。それらは伝統的な安全保障の枠組みと方法では対処しえない問題であり、以前は国家があまり対象としなかった分野ともいえる。輸送網のグローバリゼーションによって、生物兵器の殺傷能力を向上させる大量破壊技術やバイオテクノロジー、さらには旧ソ連からの核兵器とそれに用いる核物資などが入手しやすくなっていることは、「ならずもの」国家や超国家的なテロリストが想像もできないほどの破壊活動を引き起こす危険性を倍加している。加えて、益々増大する貨物や人の移動によって、ウイルス性細菌や伝染病・感染症などが容易に国境を越えるばかりか、直ちにその影響はネットワーク上の遠くの地点にまで広がっていく。

しかしながら、世界の稠密化が進む反面、グローバルな協調による安全を脅かす問題への対応装置はいまだ整っていない。異常気象の深刻化や地球環境の悪化、跋扈する短期金融資本の流出入、さらには各地で頻発し始めたテロリズムとその安全保障対策の問題など、世界的協調体制の早期の構築が重要なことは指摘するまでもない。とはいえ、市場主義経済下の企業間競争の激化は、地球益といった見地からのコスト負担という要請よりも、国益や企業収益という名の下での個別的利益の確保や競争のためのコストの担保に優先順位が置かれている。結局、グローバル・イシューに左右される状況が顕著になっているにもかかわらず、各国はグローバル・ガバナンスに対する具体的な活動にはいまだ消極的といわざるをえない。

2　地球環境

そうした点を象徴的に示しているのが、環境問題であろう。京都議定書は地球温暖化ガスの排出規制を定めた最初の成果であったが、締結後にわかに米国政府が離脱を宣言したことはグローバリゼーションと環境問題に対する取り組みとの関係を象徴的に示していたと思われる。そこには排出規制にかかるコスト負担を避けて、米国系企業の国際的な価格競争力と利潤の拡大を優先させる意図が込められていたといえる。米国政府は公式的には締結参加国が極めて限定的であり、中国などの大きなガス排出国の不参加からして、京都議定書が実質的な環境対策になりえないといった理由を掲げた。米国のそうした行動は、競争主義が一層激化するなかで、開発途上諸国を含めた多くの国々に環境保全への関心を遠ざける口実を与えたとも思われる。経済のグローバリゼーションが生み出す影の部分のひとつといえる。

その後も破壊防止と環境保全の必要性が叫ばれてきたが、ようやく長い議論を経て二〇一六年四月に署名、同年一一月発効のパリ協定が実現した。締結国は発効時点で一九二カ国（批准国は一一一カ国）を数え、気候変動枠組み条約としては最大かつ地球的規模の国際条約であり、地球温暖化防止のための歴史的な合意といえる。ただし、二〇二〇年以降に実際の活動が開始される同協定は、締約国が各自数値目標を作成・提出することになっており、今後の情勢の如何によっては実質的な温暖化防止活動が停滞する可能性も否定できない。それが杞憂に終わることを希望するが、利潤追求型の経済活動優先の下で、地球益優先の思考を国、地域、そして地球レベルで育成し定着させることが可能かどうか注目したいところである。

さらに近年、病原菌や感染症などの生物学的物資や有毒廃棄物といった有害物資が人間やモノの移動を通して国外の遠隔地に持ち込まれることが多くなっている。(18) また、先進国のなかには環境に悪い物資を別の場所に移転（あるいは放棄）するケースもあり、途上国への「投げ捨て」事件すら発生している。環境と生物に有害な物資が突如として新たな場所に転移される結果、無防備な場所で大量の伝染病や害虫の発生、在来種の絶滅、さらには多くの住民の健康被害をもたらすといった事態も発生している。

W・クラークがいう「生物のリンケージ」[19]を含む環境問題のグローバリゼーションに対して、地元・地域のレベルでの行動を核としつつも、グローバルな協調体制が必要不可欠である。その意味でもパリ協定を契機に世界的規模での問題への取り組みと活動が真に待たれるところである。

3 文化・文明の衝突

グローバリゼーションに懐疑的かつ否定的な主張のなかで、文化や文明の領域は大きな比重を占めるものである。それはグローバリゼーション=アメリカナイゼーションという指摘にも表れている。つまり、現在のグローバリゼーションは米国の新自由主義や新保守主義といった体制原理や価値規範が地球大に拡大していく過程であり、米国の優位性や支配力を強化する動きである、との批判的な指摘である[20]。

確かに、グローバル経済における米国の影響力は突出して大きく、市場開放・規制緩和・国際自由貿易を強く主張する新自由主義の普及といった全般的な動きのほか、企業法や金融システムの規制に関するグローバルな資本市場の標準化など、さらには二つの格付け機関（ムーディーズ投資サービス、スタンダード・アンド・プアーズ）や米国系多国籍企業の優位性に至るまで、様々な形態を通してアメリカナイゼーションともいえる状態が推進されてきた。[21]

経済的領域における圧倒的な優位性と相俟って、米国は社会的・文化的領域においてグローバルレベルで主導的な立場に立っているといえる。J・ローゼンドルフ（国際関係論）は、その理由として、圧倒的な手段の保有と、浸透を可能にする文化的・歴史的特質の保有を掲げている。前者は新しく開発されるあらゆる大量伝達手段の支配を意味し、後者は多種多様な文化を超越した米国文化の普遍性を指している。[22] それに加えて、同国の文化の普及において特徴的なのは、大部分が民間企業の手によること、そして英語という言語の存在である。これらが相互に作用することで、グローバリゼーションはアメリカナイゼーションの要素が強く投影されたものとみることにはさほどの違和感はないであろう。

社会や文化の変容は、経済や軍事のグローバリゼーションの結果と無縁ではない。しかし、だからこそ、その変容への圧力に危機感を抱く反発的なエネルギーも生じてくる。例えば、ヨーロッパでは米国の格付け機関に対する抗議が起こっているし、ハンチントンの『文明の衝突』を引き合いに出すまでもなく、とりわけ伝統的に固有の文化・文明をもつ国や集団からは反米テロリズムといった形の激しい暴力的な抵抗が行われもする。無論、テロリズムの噴出という事態は、グローバリゼーションやアメリカナイゼーションにのみ起因するものではない。社会において正統化されていたものの基盤が冷戦以降に崩壊し、その後に新たな正統性を担保する体制原理を構築できなかったところでは、宗教や民族を基盤とする自己主張が噴出していることも否めない。複雑なのは同じ国内でそれをまた抑える力が働き、内部での自己主張間の衝突といった事態が生じ、それもまたテロリズムという手段が採用される環境を準備する。

先に触れたように、グローバリゼーションが勝者と敗者を生み出す性質を内在させ、敗者の救済が覚束ない政治社会状況では、とくに敗者をして現状への不満と変革への要求に走らせることになる。その場合、人々がテロリズムなどの非合法で暴力的な手段を採用することは十分にありうる。それを示すように、国際的テロリズムはグローバルな対策の不十分さを尻目に、グローバルなリスクを拡げることを通じて自らの主張と存在感を示す。さらにテロリストたちの多くは「破綻国家」といわれるような場所に安全な聖域を得ている。ＩＳ過激派といった組織は、シリアの内戦状態という混乱のなかで勢力を拡大し、これも混乱下にあるイラクにまたがる地域で「国家の樹立を宣言」している。こうした一種の聖域は当該政府の権能が破綻した状況で、貧困に喘ぐ社会状況を巧みに利用し、組織の戦士を徴兵するうえでも絶好の機会を享受していることになる。

異文化の浸透を巡る対立的な関係は、グローバリゼーションそのものの深化の過程において、繰り返し提起される問題であろう。ただし、グローバリゼーションが文化を均質化させ、統一的な再編を促すとの指摘もあるが、いまのところそうやさしいものではない。

グローバリゼーションの基本的な原理をなす新自由主義の思想は世界の随所で伝統的な価値や原理とぶつかり合い、とくにそれを米国が強力に推進するような場合には、その反発から暴力的な衝突に向かう危険性は高い。冷戦後の米国のブッシュ政権時代には「一極主導型世界秩序」構想の下で強引な一国主義的行動が展開され、先進諸国を含めて多くの国に反発のエネルギーを醸成させた。最終的に一部の国の反発のエネルギーがより暴力的な行動に転化するか、あるいは文化の相互受容の下で沈静化するかは、今後のグローバリゼーションのゆくえを大きく左右することになるであろう。

しかし皮肉にも、その米国において二〇一七年一月に大統領に就任したドナルド・J・トランプはそれまでの米国の主張を一八〇度変え、保護主義を唱えている。それは一種の孤立主義とも表現できるが、世界の政治・経済の中枢にある米国のスタンスの激変によって今後大きな波紋を投じることは間違いない。グローバル化した世界にさらに大きな不安定化要因が登場したといえよう。

5 グローバル・ガバナンスへの挑戦

グローバリゼーションによって生ずる影の側面に対しては、今後、様々な行為主体によって取り組まれる必要がある。しかし、グローバリゼーションが複雑な利害関係を生じさせているために、その対応は国内外で利害の衝突を招きやすく、その取り組みは一層難しい。その場合、やはり行為主体は国家が中心になるが、先述の国家機能の「揺らぎ」のなかで、効率的な対応を図ることは難しい。いわゆる国際政府間機構がおしなべて効果的なグローバル・ガバナンスを構築できないのはその現れともいえよう。

しかし、グローバリゼーションへの取り組みが困難といっても、「影」の部分に対する取り組みを遅延させることはできない。様々な問題に真摯にかつ着実に取り組むことが世界人類の課題である。いうまでもなく、現在のグローバリゼーションの潮流をなすがままに放置することは、早晩、人類や自然界を混乱と破壊に導き、二一世紀を暗黒の時代に向かわせる危険性を秘めているからである。そこで、ここではグローバルな次元でのガバナンスの動向について言及しておきたい。

1　国際連合

最大の地球的な機構である国連は、グローバル・ガバナンスを考えるうえで最初に登場する組織であろう。グローバリゼーションに関する国連の認識は二〇〇〇年開催のいわゆるミレニアム総会で採択された「ミレニアム宣言」によく映し出されている。そこでは次のように記されている。「今日我々が直面する主たる課題は、グローバリゼーションが世界のすべての人々にとり前向きの力となることを確保することである。というのも、グローバリゼーションは大きな機会を提供する一方、現時点ではその恩恵は極めて不均等に配分され、そのコストは不平等に配分されている。我々は開発途上国及び経済が移行期にある諸国がこの主たる課題に対応するうえで特別の困難に直面していることを認識する。したがって、我々に共通な多様な人間性に基づく、共通の未来を創るための広範かつ持続的な努力を通じてのみ、グローバリゼーションは包括的かつ衡平なものになりうる。これらの努力は、開発途上国及び移行期にある経済のニーズに対応し、これら諸国の効果的な参加により形成され実施される、世界レベルの政策や手段を含まねばならない」。そこでは国連がグローバリゼーションを政治的な決定に基づき誘導し、平和・安全、開発・貧困、環境、人権・民主主義、グッド・ガバナンス、弱者の保護、アフリカの特別なニーズなどに関して取り組む姿勢を表明している。しかし、利害関係を錯綜させる国家の集合体である国連は、その挑戦的姿勢とは裏腹に脆弱な組織であり、従来から機能不全を指摘され、批判の対象となってきた。加えて、現在のグローバリゼーションは利害得失の面で開発途上諸国間、そして各国内でも大きな相違をもたらしており、かつての「南」側の集団としての結束力は喪失されてきた。こうした事態は国連の一丸となった取り組みを一層困難にし、グローバリゼーションの方向性を制御するだけの政治的な意思決定を不可能にしている。課題と現実の狭間で、国連の改革案が議論されていても、およそグローバリゼーションに対するガバナンス策定に至るのは遙か先のことといわざるをえない。国連への無力感が漂うなかで、かろうじて緊急活動として確かな存在感を示してきたのが平和維持活動（ＰＫＯ）の分野であったといえる。一九九〇年代以降のＰＫＯ件数は冷戦時代に比べて圧倒的に多い。それは冷戦後に世界各地で紛争の多発化が生じ、米ソ両超大国による危機管理メカニズムが作動しなくなったことと相俟って、勢い国連の果たす役割が増したことを物語っている。元来、国連は第二次大戦時の枢軸国を監視するために勝者・連合国側の集団安全保障機構として設立されたのは周知のことである。しかし、その後の新興独立諸国の大量加盟によって国連の機能が変質する一方、冷戦時代の米ソ対立から実質的に安全保障理事会機能の不全状態が継続したため、集団的安全保障機能は著しく低下した。それに比べて、社会経済理事会が担当する領域における国連の業績は評価に値することは忘れるべきではない。

さて、冷戦後の紛争の多発化という状況のなかで、国連は改めて平和・安全の領域に責任を果たすべきとの指摘が強まった。しかし、慢性的な資金不足や錯綜する加盟国間の利害関係という国連のもつ弱点は変わらず、あくまでも武力衝突後の平和維持活動に比重は置かれた。そのなかで挑戦的な提案を行ったのがＢ・Ｂ・ガーリ事務総長（当時）であり、一九九一年に国連による平和執行活動の強化を目的にした「平和への課題」という構想を発表し、紛争に対してより積極的な国連の関与を提案した。彼の構想は、①予防外交（Preventive Diplomacy）、②平和創造活動（Peace Making Operation）、③平和維持活動（Peace Keeping Operation）、④平和構築活動（Peace Building Operation）の四段階をもって紛争に対処するというもので、②に際しては国連管轄下の平和執行部隊（Peace Enforcement Unit）が紛争停止のための軍事活動を展開するとした。しかし、この構想はソマリア内戦において試験的に実施されたものの、多くの現地住民の抵抗を受けて失敗し、直ちに一九九五年に撤回されることになった。続くK・アナン事務総長は、紛争に対する国連の役割を従来のPKOに留めるとし、むしろ紛争発生地域における地域協力機構の役割を重視する姿勢をとった。つまり、紛争に関わる主体はあくまでも域内の当該地域機構とし、国連はその対応の支援に回るとした。このように、本来の役割である安全保障分野において国連は限界を抱えているといわざるをえない。それは資金を始め種々の制約に起因しており、宣言や決議の勢いとは裏腹に、グローバル・ガバナンスに関しておのずと消極的な役割に甘んじざるをえないであろう。ただし、国連の各種専門機関の任務を整理統合し、さらには他の国際機関や国際NGO団体との意見調整を図り、包括的な指針や方向性を提案し、合意に基づく一貫した持続的な取り組みの奨励という点で存在価値を見いだしていくべきであろう。

2　世界貿易機関（WTO）

一九九五年一月創設のWTOはグローバリゼーションに伴う具体的な経済問題を扱う組織となり、その問題解決能力の如何がグローバリゼーションのゆくえを左右するほどの重要性をもつといえる。WTOは、二〇〇一年一一月にカタール・ドーハで閣僚会議を開き、新多角的貿易交渉（ドーハ開発アジェンダ：ＤＤＡ）、いわゆるドーハ・ラウンドを開始した。その目的は、拡大と深化を続けるグローバリゼーションの下で自由貿易と開発を連結させた国際ルールの作成を目指すことであった。本来、ＧＡＴＴ（関税及び貿易に関する一般協定）を前身にもつＷＴＯは自由貿易を推進するための法体系を提供することが任務であった。しかし、自由貿易の拡大は、必ずしも開発途上諸国の開発に寄与することなく、むしろ貧富の差、なかんずく貧困度を深めることさえあり、「自由貿易は開発を促進する」というテーゼは無条件には成り立たないことが明らかになった。また、一九九〇年代後半のアジア通貨危機をひとつの契機としてＩＭＦ・世銀の開発路線に疑問が生じるに及び、ＷＴＯが自由貿易と開発の調和的な相互作用を図ることが急務の課題となった。しかし、「自由貿易は開発を促進する」とのテーゼを現実のものとするには、極めて複雑な利害関係を調整し、ＤＤＡで扱う各種イシューの気の遠くなるような交渉を経ねばならない。一四八カ国という現加盟国すべてが、イシューごとに利害を異にするといっても過言ではない。実際に二〇〇三年九月開催のメキシコ・カンクンでの閣僚会議は、米国、ＥＵなどとインド、ブラジルなど、いわゆるＧ20諸国が鋭く対立し、何の進展もなく閉会した。ようやく二〇〇四年七月のＷＴＯ一般理事会で「枠組み合意」がなり、包括的交渉が再開した。同合意では、①輸出補助金に関する撤廃を視野に入れた削減、②貿易歪曲的国内補助金の実質的削減、③関税削減などの市場アクセスの実質的拡大、が決められている。それに基づき二〇〇五年一二月には香港で第六回閣僚会議が開かれ、どうにか「香港閣僚宣言」の発表にこぎ着けた。以下、ドーハ・ラウンドにおけるイシューの内容を知るうえでも、閣僚宣言で合意された事項を記しておこう。まず農業分野では、①二〇一三年までにすべての形態の輸出補助金の並行的撤廃、②輸出補助金以外の輸出競争（輸出信用、食料援助など）への規律を二〇〇六年四月末までに確立、③市場アクセスにおいて途上国はタリフラインの適当な数を特別品目に指定でき、また途上国向けセーフガードを用いる権利を有する、が合意された。次に非農産品市場アクセスの分野では、①スイス・フォーミュラ（高関税ほど大幅な削減となる関税削減方式）に合意、②途上国への特別かつ差別的な待遇（S&D）と相互主義軽減の重要性を認識する、などである。そして開発の分野では、①すべてのLDC（後発開発途上国）製品に対して二〇〇八年もしくはDDA合意の実施期間の開始までに無税無枠を提供する、②現時点で供与に困難を有する国は二〇〇八年もしくは遅くとも実施期間の開始までに少なくとも九七パーセントの産品に対し無税無枠を供与する、③「貿易のための援助」についてはサプライサイド能力やインフラの重要性を認識する、であった。ルールの分野では、①アンチダンピング（AD）交渉における範囲や目的など今後の段取りを再確認する、であった。このほかにはサービスの分野もイシューとして論議されている。因みに、香港会議において日本政府は「開発イニシアチブ」構想を打ち出し、途上国における生産・流通・購入を体系的かつ多角的に支援することを約した。具体的には、①向こう三年間に合計一〇〇億ドルの資金協力、②合計一万人の専門家派遣と研修員の受け入れ、③日本の一村一品運動の経験などを活かした販路拡大支援、④LDC産品の市場アクセスを原則として無税無枠化、などであった。この日本政府のイニシアチブは、WTOとは一線を画した開発支援といえるが、基本的には従前の資金供与が柱となっており、国内の産業保護の理由から途上諸国産品への市場開放には極めて消極的のままであった。このように、WTOの抱えるイシューは極めて入り組んだ領域から生じている。自由貿易のグローバリゼーションによる利益が誰にもたらされるのかといった点が背景にある。モノカルチャー経済状態にある途上国は、自由貿易の下で市場開放を余儀なくされる一方、先進諸国は農産物に四〇〇〇億ドルともいわれる補助金を用いて国際市場ばかりか途上国市場まで席巻し、さらに途上国の産品に対してはAD措置をもって閉め出すという現実も存在する。一九九〇年から二〇〇〇年に至る期間で世界のAD措置件数は三倍増になり、あたかもAD措置の濫用といった状態は先進国有利な自由貿易との批判を裏打ちしている。自由貿易の下での不公平な状況は、多くのＮＧＯや市民の反グローバリゼーション運動を促している。かつて一九七四年の石油危機の折、国連特別総会で「新国際経済秩序樹立構想」（ＮＩＥＯ）が採択された。そこでは国際経済の原理を自由から公正に転換させるとの主張が込められていた。いまＷＴＯが取り組むグローバリゼーション下の自由貿易においても、途上国の開発を阻害する貿易ルールではなく、自由貿易のなかに一部公正原理を取り込んだルール作りが必要であると思われる。それなくしては、常に強者に利する自由貿易でしかなく、常に弱者が敗者に、そして貧困に喘ぐことになる。そうした分裂的な世界が持続する可能性は高いとはいえないであろう。その意味でＷＴＯは具体的なグローバル・ガバナンスを実現しうる重要な位置にあり、その成否はグローバリゼーションのゆくえをも左右することになる。

3　リージョナル・ガバナンスへの期待

グローバルなレベルでのガバナンスはいまだ困難な状況にあるといえる。それを反映するかのように、近年活発な動きを示しているのが地域的レベルでの協力の動きである。その象徴的なものは、地域協力・統合であり、他に経済連携がある。前者の協力・統合は、「欧州連合」（ＥＵ）に代表される。協力・統合には経済統合から政治統合、さらに安全保障面での協力体制までも構築する動きがある。ＥＵは憲法制定段階にまで歩みを進めているが、二〇一六年のイギリスのＥＵ離脱選択はそれまでのＥＵの歩みに一大衝撃を与えている。多国間協調や統合によるコストの支払いも加盟国には大きな負担であり、そのコスト・レベルがベネフィットを上回っていくとき離脱も重要な選択肢であることをイギリスの行動は示しているといえる。それはともかく他の地域あるいは下位地域における協力機構も量的にも機能的にも拡充の方向にある。それは国内の各種問題を周辺諸国との協力の下で解決していこうとの動きであり、グローバルなレベルでの管理装置の不在と相俟って、今後とも地域協力への期待は高まっていくであろう。無論、地域協力が実質的に機能するには、何よりも加盟国の協力に対する強い政治的意思が必要であり、国益よりもむしろ地域益、そして地球益をも視野に入れた協力姿勢が定着する必要がある。かつて存在した地域機構の多くが機能低下や不全に陥ってきたのは、結局のところ国益優先という国家のエゴイズムを抑えきれなかったことによる。それゆえに、近年の地域協力への動きも、国益が損なわれると判断するならば、離脱や決裂といった陥穽にはまる可能性は大きい。地域の利益を増進させることが、結果的には加盟国および市民の利益に繋がるとの意識が十分に広がっているようにはみえないからである。そもそも地域協力が時として加盟国内部での不利益に繋がる事態は十分に想定でき、利害得失を巡る国内の分裂状況が醸成されることもありうる。そこに地域協力の推進のうえでの難しさがある。しかしながら、グローバリゼーションがゆえに皮肉にもリージョナリゼーションを促している面もある。なぜならば、グローバリゼーションという激しい奔流に粉砕されるのを防ぎ、周辺諸国との協力を通じて奔流に立ち向かう抵抗力を養うとの思惑もある。例えば、「自由貿易協定」（ＦＴＡ）は複数の国や地域で関税や外資規制などを撤廃し、モノやサービスの移動を自由化するものであり、一九九〇年代に入って著しい増加をみせている。また最近では、ＦＴＡよりも幅広い分野を対象にする経済連携協定（Economic Partnership Agreement; ＥＰＡ）を締結する国・地域が増加している。日本でも「環太平洋経済連携協定」（ＴＰＰ）への加入問題が大きな政治イシューになっているが、国内の利害対立をいかに調整できるかが進展の鍵であることはいうまでもない。

6　グローバリゼーション下の日本

1　アベノミクス

地球を覆うグローバリゼーションという「津波」は、当然、日本にも押し寄せ、日本の様々な局面に同じく正負両面の影響を与えている。この影響について政治のしかるべき部局において包括的な検討がなされ、日本の今後の対応策が論議された形跡はない。

現在までのところグローバリゼーション時代に対する安倍現政権の姿勢は、日本の輸出企業の競争力を高め、経済成長を促すことに集中してきたといえよう。二〇一二年一二月に始まる第二次安倍政権は、すでに第一次内閣時代に掲げていたアベノミクス（当初は財政支出削減、公共投資抑制、規制緩和による成長力強化）の内容を変え、①大胆な金融政策（無制限の量的緩和など）、②機動的な財政政策（大規模な公共投資など）、③民間投資を喚起する成長戦略（世界経済とのさらなる統合など）を「三本の矢」として、「日本経済の悪魔（デフレ）を倒し」、「経済成長を最優先の課題」とした。当初は大規模な金融財政政策を背景に一二〇円に届く円安と株価の上昇があり、とくに輸出企業収益の増大、実質GDPの上昇（二パーセント台）といった効果がみられたが、目的完遂にはほど遠い状態であった。次第に各界の期待感は失望感に代わり、アベノミクスの有効性について疑問が呈されることになる。円安によって史上最高の黒字額を計上する輸出企業は収益の増大分を三六〇兆円に上る内部留保として抱え込み、いわゆる社会に対する「トリクルダウン効果」を実現するに至らなかった。トリクルダウン効果は「富者が富めば、その富は貧者に自然に滴り落ちる」という、いわば「おこぼれ効果」ともいえるが、これは世界においても成長優先論に立つ経済路線に共通する理屈である。しかし、「改革開放」で突進した中国を含めて、いずれの国においてもみられた現象は、富者がさらに富むことはあっても、その富が社会に及ぼす効果は微少であり、結果として貧富の差は一層拡大したというのが現実であった。安倍政権の姿勢も「成長なくして分配なし」との思考に基づいており、企業収益の増大は投資や技術開発の促進に繋がり、加えて雇用促進、消費の増大、デフレ脱却などなど多様な効果をもたらすとの計算を背景にしていた。

しかし、アベノミクスの「三本の矢」のうちで効果を発揮したといわれるのは、複雑かつ困難な利害調整の少ない大胆かつ異次元の金融政策であり、他の二本は的を射るまでにはおよそ至らなかった。つまり、円安は輸出増に、企業収益増は設備投資増に、雇用増は消費増に、といった連鎖効果のシナリオは想定されたようにはなっていない。むしろ失敗とすらいえる効果の乏しさは「アホノミクス」や「アベノリスク」といった手厳しい批判になって跳ね返り、むしろアベノミクスの継続は日本経済および日本社会に大きな負担を残すことになるとさえ思われる。無論、政権および政府与党側はその効果の有為性を強調し、アベノミクスが着々と日本経済を再建・成長軌道に乗せていると主張して止まない。

これら賛否両論の中味と経済的現状から判断すれば、アベノミクスはかけ声勇ましい派手なパフォーマンスのレベルのものであると同時に、「異次元の金融緩和」に基づく債務残高の増大、日本銀行による大量の国債買い入れ、など結局は国民に負担を強いることになり、後世禍根を残す経済政策であるといわざるをえない。

そうした一首相の異次元の政策遂行にフリーハンドを与えたのは、前の民主党政権（二〇〇九年九月〜二〇一二年一二月）によるあまりに未熟な政治運営であり、国民の期待は失望に変わり、「先祖返り」的に自民党を圧勝させたといえる。この圧勝に由来する絶大なる自信はアベノミクス遂行の一大根拠として作用している。その意味で民主党の残した負の遺産は大きく、責任ある政党として真摯なる反省が必要と思う矢先、またまた政党間の離合集散の下で民進党へと衣替えした。しかし、良識ある国民は安易な党名変更で支持を復活させるほど甘くはない。やはり与党の暴走を食い止めるには、確たる根拠に基づく政策論争で勝利しなければならないことを肝に銘ずるべきである。

それはともかく、政府による国債の発行と日銀による国債買い入れがセットになった「みせかけ」の経済活性化政策は、深刻化する累積債務問題を先送り、いやさらに悪化させるに過ぎないし、そのツケは最終的に国民に押しつけられることになるであろう。現状でも増税時代の到来を十分に体感できるが、そうした状況のなかでとくに若い世代が将来に対する不安感を抱くのは当然のことといえよう。

とはいえ、企業収益を押し上げるべく法人税の引き下げに熱心な政権にとっては、国民全体から税金を吸い上げるしかなく、従前の税収以外にも陳腐とさえいえる新税の創設を財務当局が真剣に論議している状況に呆れるばかりである。しかし、各種の批判をよそに、二〇一五年九月に第三次内閣発足を直前にした安倍首相はアベノミクスの第二ステージに移行すべく「新三本の矢」を新たに発表した。それらは①戦後最大の名目GDP六〇〇兆円の実現、②出生率一・八パーセントの実現（二〇五〇年まで一億人人口を維持）、③介護離職ゼロの実現（「安心につながる社会保障」の主柱）、であった。いずれも華々しい目標であり、それをもって「一億総活躍社会」に導くという、まさに首相の派手なパフォーマンスの色彩が強い。なぜなら、目標はともかく達成手段については明確に示されておらず、例えば①については現状の名目成長率〇・五パーセントをどのように三パーセントにまで引き上げ、それを維持させるのか、②ではどのようにすれば現状の出生率一・四パーセントが一・八パーセントに引き上がるのか、③では介護離職ゼロを実現する手段はもとより、それが安心の社会保障の中核政策になりうるのか、といった疑問が直ちに浮かび上がってくる。しかしながら、圧倒的な議席をもつ与党だけに、ここ当分、アベノミクス旋風は日本社会を慌ただしく揺り動かすことになるであろう。

2　地球儀外交の意味

安倍政権のもうひとつの派手なパフォーマンスに「地球儀外交」がある。二〇一三年一月の首相就任時の所信表明で外交の基本方針を掲げ、周辺諸国のみならず、世界全体を見渡して従前の日本人首脳が訪れなかった国に積極的に訪問し、自由・基本的人権・法の支配といった基本的価値に立脚した戦略的外交を展開するとした。これがマスコミなどで「地球儀外交」と呼ばれるようになった安倍外交の柱である。しかし、ここでもまた世界の隅々まで首脳が訪問することの意義は理解できたとしても、どのような外交戦略に基づき訪問するのかは定かではなかった。いわんや、今日のグローバリゼーションの実態を徹底的に分析し、そのなかで日本がどのような方針で活動し、どのような領域において存在感を高めうるかといった点について検討された形跡は窺えない。無論、その意図を積極的に探し当てれば、二〇一三年一二月の閣議決定では、緊迫化する国際環境のなかで我が国の安全は一国では担保できず、さらに周囲から積極的な役割を期待されていることと相俟って、これまでの平和原則を堅持しつつ、国際協調主義に基礎をおいて積極的に国連の安全保障措置などに参加することでアジアの平和と安全に寄与する、としている。元来、第一次安倍政権は誕生間もない時期の外交方針に、「戦後レジームからの脱却」を据えていた。しかし、第二次、第三次の政権時に外国訪問を頻繁に繰り返すなかで強調されたスローガンは日本の「積極的平和主義」とされた。両者に共通の到着点は戦後憲法の改正といえなくもないが、ともかく積極的平和主義の意味については国民に向けて明確に内容が説明されたわけではなく、何を意図しているものか不鮮明のままにある。無論、戦後日本の外交の基本はいかなる国とも交戦しない「平和主義」が主柱になっていたが、今日の状況のなかで（恐らく）「積極的」に平和主義を実践するという単純なものではないようである。というのも、強引なまでに「安保法」を可決させ、交戦をも可能にする法的整備を着々と行っているからである。では積極的平和主義とは根底にどのような理念をもち、具体的に何をしようとするものなのか。

グローバリゼーションの影の部分を放置できないという筆者の見地からすれば、「影」に対する積極的な取り組みに対し日本政府が真摯に持続的な努力を払うことは重要であり、まさに積極的に平和創造外交を行うことは極めて意義深いと思う。しかし、五〇カ国を優に上回る国を訪問し、幾多の国際会議に出席した際も、安倍首相は積極的平和主義を繰り返し表明してきたものの、その内容を明らかにし、グローバルなレベルでの具体的な方針や活動について明言したことはなかったといえる。そこで出される具体的目的は対日友好関係の増進といった当たり障りのないものも含まれているが、場合によって日本が安保理常任理事国入りに立候補した際に支持を求める「選挙活動」の臭いすら漂わせてきた。存外、安倍首相の積極的平和主義の狙いは常任理事国入りのための集票活動といったことにあるようにも思われる。

仮にそうだとするならば、それは恐らく大国としての地位を得るという自己満足的なレベルの話ではないだろうか。かつて小泉元首相は国連総会に出向き常任理事国入りを「戦後日本外交の悲願」と演説したが、その悲願の達成者として安倍首相は歴史に名を残したいのではないだろうか。いうまでもなく、理事国就任はあくまでも日本がなすべきことのための手段であり、決して目的とするようなことではない。理事国に就任して何をしたいのかも明らかでなく、やみくもに大国意識を充足させるだけのことであれば、そのような無駄な野望は早く捨て去るべきである。

このような憶測は全く誤解であると思いたいが、それにしては多くの訪問国に安倍首相は気前よく多額の開発資金の供与や公的援助を約束してきた。まるでかつての日本が揶揄された「札束外交」を彷彿とさせるが、いずれにせよ実態の分からない積極的平和主義の宣伝費用として膨大な資金を支払ってきたことは確かであろう。東日本大震災や原発事故を始めとする各種災害の被害者救済、老朽化したインフラへの対応など国内では様々な領域で資金が必要な現状にもかかわらず、国際的交際費はまるで別勘定のようである。とはいえ、交際費総額やその資金の出所については実のところ判然としていない。そこでの資金は政府開発援助（ＯＤＡ）や外務省関連資金など色々な組み合わせから供出されているようで、資料に当たってみても「地球儀外交」に関わる資金総額は容易に把握できない。アベノミクスと同様に、安倍外交でも資金の投入こそが平和維持に不可欠と考えているかの印象をもたざるをえない。

３　彷徨する日本の試金石

耳に心地よく華々しい積極的平和主義と裏腹に、日中、日韓など周辺諸国との関係は決して良好ではなく、加えて北朝鮮のミサイル兵器開発を背景にした恫喝外交は激化している。それに対して安倍外交は関係改善の具体的行動を積極化するに至らず、むしろ日米軍事同盟の強化を通じて軍事面での新たな安全保障体制の構築を目指したようである。二〇一六年三月、安倍政権は安全保障関連法を議会内多数派の力で成立させ、米軍などへの支援を旨とする集団的自衛権の行使、自衛隊による海外での武力行使などを可能にした。それは戦後日本が一貫して維持してきた「専守防衛」政策、さらにはそれまでの「平和主義」を放棄したに等しい。歴代の自民党政権による憲法解釈をにわかに覆して行った大転換は、憲法違反を訴える憲法学者や多くの野党を含めて国民的な反対運動を沸き上がらせたが、そこには戦争不参加に基づく日本の「平和主義」が崩壊するとの危惧が強く働いていたからに他ならない。

しかし、国会における数の力を背景にした安倍政権は強引に国民サイドの平和主義への想いを拒否し、安保法を成立させた。さらに武器輸出三原則を緩和するといった状況などを勘案すれば、平和主義の否定のうえで主張される積極的平和主義は日米同盟関係の強化と日本の軍事的役割の拡大ということにならないか。万が一、米軍支援を契機に日本が参戦し、泥縄式に介入範囲が広がり、長期消耗戦などに陥れば、日本社会全体が泥沼のなかに落ち込んでいく危険性は高い。

無論、現行の安保体制で事足りるとは考えておらず、例えば、自衛隊の特別立法下における「日陰者」のような扱いを改め、憲法の枠内で誇りをもって自衛隊が任務に就けるような体制に可及的速やかに変えていくべきであろう。そうした根本的な課題を頭越しにして、一気に現行のまま海外派兵をも可能にするような安保関連法は自衛隊にとっても極めて複雑なストレスを与えることになろう。

しかし、それ以上に喫緊の課題として日本の安全保障環境を好ましいものにするためには外交の力が不可欠である。世界を飛び回って遠隔地で積極的平和主義を訴える以上に、緊張関係の緩和のために北東アジア諸国との対話を重ね、双方の意思疎通を図るべきではないだろうか。軍事面での安保体制の整備も必要だろうが、それと同時に外交による安保環境の改善こそが政府にとって極めて重要な任務である。

安倍地球儀外交のなかで北東アジア地域に対するプライオリティは低いようである。そこから「遠交近攻」の見方もあるが、歴史認識の対立を基盤にした新たな領土や領海問題など今後とも緊張要因の顕在化の恐れがある北東アジア地域に対して、日本政府は慎重で誠実な外交を維持させねばならない。グローバリゼーション下の世界において域内諸国の協力と連帯を推進するための地域協力機構が続々と誕生し、経済から軍事、政治、社会面など広範な領域で協力と機能の範囲を拡げている。まさにグローバリゼーションと並行したリージョナリゼーションの進行といえるが、残念ながら北東アジアにはいまだリージョナリゼーションへの動きは具体化していない。日本政府が「アジア共同体」結成の提案をしてきたものの、中国の否定的姿勢の前に暗礁に乗り上げている。

アジア共同体のメンバーとして想定されている東南アジア諸国にとって、そうした日中間の関係は「主導権争い」にほかならず、アジアの協力の必要性を認めつつも遅々として進展しない共同体構想の動きに辟易としている観すらある。(23) 安倍政権は地球儀外交を通じて世界の「大国」としての地位を得ようとしているのであろうが、そのためには日本周辺の国々と友好と信頼を築き、敬意を得ることが必要条件ではないだろうか。足元も覚束ないままで世界のリーダーになることはおよそ不可能である。かつてドイツ、インド、ブラジルとともに安保理常任理事国入りに名乗りを上げた際、中国の反対運動は凄まじく、アジアやアフリカの国々へも不支持への説得活動を行ったほどである。近い将来もこの中国の反対姿勢に変化を期待できない以上、まずは中国を含めた北東アジアでの日本の信頼感を醸成するための各種の努力が求められてこよう。その試金石となるのが、従前から日本が主張してきたアジア共同体の構築ではないだろうか。無論、その共同体は即座に経済的利益の拡大といった結果を期待するのではなく、まずは定期的対話の制度化といったことに重心を置いてスタートすべきであろう。つまり最初から目にみえる利益を前提にしたものではなく、緊張状態を緩和するための意思疎通機関といったところに価値を置くべきと思われる。まさに「札束」ではなく「外交力」をもって事に当たる重要な試金石であろう。

4　内向指向からの脱却を

日本では留学希望者が減少していることを各種の報道で見聞する。それ以外にも若者の「内向指向」や投票率の低さが物語るように「社会に対する無関心」さも否めない現象である。大学の教育現場でもそれらを実感することは多く、国際情勢というテーマなどに関しては年々学生の関心が遠のいていることに焦燥感を募らせてきた。繰り返すまでもないが、今後一層、国外の変動が日本社会に直接的な影響を与えることが確実ないま、無関心や内向的な風潮は解消すべきところである。そうした風潮の背景は将来はともかく、日本の多くの人が現状に満足し、少なくとも物質的に過不足ない生活を送っていることなのかもしれない。現状に満足をしているのであれば、現状に疑義を抱くこともなく、他者への関心も遠のくことになろう。いわんや現状を変えようとする意識はそこからは生じないであろう。むしろ関心は内に向けられ、外への関心は乏しくなって当然かもしれない。

また一方で、社会における価値観の多様化がいわれて久しいものの、少なくとも日常の生活という観点に立てば、むしろファッションや趣味などの生活は一元化しているように思われる。就活期に入ると、若者の男女誰彼が黒いスーツを着て会社訪問をする光景は多様化といわれる状況に全くそぐわないように感じてならない。やはり生活の糧を得るためにはマニュアライズされた方式に従って入社しなければならないということか。そこには生活の基盤を得ることが優先され、その上でないと多様化した価値観を発揮することはできないということであろうか。戦後の日本社会に貫徹された経済発展という目標はいまだ脈々と引き継がれ、その呪縛から解き放たれていないように思われる。それはとりもなおさず、カネに至高の価値を置き、それを得た人間こそが成功者としての評価を得ることにもなる。ある飲食業で競争に勝ち抜いた人間が政治の世界に転身し、教育の分野にまで競争主義の導入を声高に叫ぶのには疑問を感じる。自らの経営する事業では「死ぬまで働け」が社訓であることを聞くと、異常を通り越して恐怖すら感じる。それにみるように、いまや競争主義を通して市場の論理が優先され、従前からの社会の規範や倫理観は脇に追いやられている。(24) 賞味期限のラベルを貼り替えたり、外国製の商品を日本製と偽って販売したり、儲け第一主義の横行など枚挙に暇がないほどである。市場競争主義経済が世界的な原則になり、日本社会にも強く浸透している現在、社会的規範や倫理観をいかに維持していくかは喫緊の課題である。「時は金なり」との格言が古くからある。少なくともそこでは時と金を同価値に見立て、遊んでいる時間があるならば一所懸命に働いて金を稼げ、と一般には理解されている。しかし今日、時は金と同様に大切であり、金を得ることもさることながら、時を得ることで様々に思考や行動の自由を得ることができる。得た時間を利用して改めて勉学に励むこと、過疎地に赴き農林業を体験すること、さらには海外でのＮＧＯ活動に参加することなど、人生に様々な価値と選択肢が広がることになる。それらを通じて従前の価値観とは全く異なる新たな方向を見いだす可能性も生じる。そうした積み重ねの下で日本社会は多様性に富んだ社会になり、そのなかから新たな「豊かさ」が作り出されていくことになるであろう。

一層の少子高齢化、とりわけ人口の減少が想定されている現在、競争主義や成長主義に突進する状況を改め、眼を世界に開いて内向化を慎み、グローバリゼーション下の日本の在り方を政治レベルだけでなく社会全体の課題として真剣に検討していくことが我々の課題ではなかろうか。

【注】

（１）survey.gov-online.go.jp/h26/index-h26.html（二〇一六年九月五日最終閲覧）。

（２）Ｄ・ヘルド、Ａ・マッグルー『グローバル化と反グローバル化』（中谷義和・柳原克行訳）、日本経済評論社、二〇〇三年一一月、五ページ。Ｊ・トムリンソン『グローバリゼーション―文化帝国主義を超えて―』（片岡信訳）、青土社、二〇〇二年二月、一五ページ。Ｊ・Ｓ・ナイ、Ｊ・ドナヒュー編『グローバル化で世界はどう変わるか―ガバナンスへの挑戦と展望―』（嶋本恵美訳）、英治出版、二〇〇〇年九月、一四ページ。

（3）トーマス・フリードマン『レクサスとオリーブの木（上）』（東江一紀・服部清美訳）、草思社、二〇〇〇年二月、二九ページ。

（4）T・フリードマンは、冷戦下の世界を「広大な平野がフェンスや壁で仕切られ、方々に袋小路がある状態」であり、「その内側で国々は独自の生活形態、共産主義から自由市場経済などの経済状態、文化を確保」していた状態とする（T・フリードマン、前掲訳書、七四～七五ページ）。したがって、冷戦終結はそのフェンスが取り除かれたことを意味し、必然的に勝者の論理が敗者の世界の流れ込むことになったといえよう。

（5）世界銀行（世銀政策研究レポート）『グローバリゼーションと世界経済』（新井敬夫訳）、シュプリンガー・フェアクラーク東京、二〇〇四年九月、序文。

（6）D・ヘルドほか、前掲訳書、五ページ。

（7）経済産業省「第四四回海外事業活動基本調査（二〇一四年七月調査）」。www.meti.go.jp/press/2014/03/20150331002/20150331002-1.pdf

（8）世界銀行、前掲訳書、四二ページ。

（9）この点については、Paul Collier and Anke Hoeffler, *Aid, Policy, and Peace: Reducing the Risk of Civil Conflict*, Development Research Group, World Bank, Washington, D.C. を参照されたい。

（10）この点については、拙著『これがアフリカの全貌だ』かんき出版、二〇一一年、とくに

第五章を参照されたい。

（11） この点については、Robert Wade, *Inequality of World Income: What should be down?* 2001. http://www.opendemocracy.net/

（12） www.worldbank.org/.../world-bank-forecasts-global-poverty-to-fall-belo

（13） Post Consulting Group, *Global Wealth Report 2015, Money Today.*

（14） *The Huffington Post,* Oxfam International, Wealth: Having It All and Wanting More. www.huffingtonpost.jp/.../richest-1-percent-to-own-more-than-half-_n_

（15） D・ヘルドほか、前掲訳書、三五ページ。なお、国家機能の変化については、Linda Weiss, *The Myth of the Powerless State,* Cornell University Press, 1983を参照。

（16） グレアム・アリソン「国家および国際安全保障のグローバル化」、J・S・ナイ、前掲訳書所収、一一三ページ。

（17） U.S. Department of Defense, *Report of the Secretary of Defense to the President and Congress,* 1999.

（18） Katharina Krummer, *International Management of Hazardous Wastes: The Basel Convention and Related Legal Rules,* Clarendon Press, 1995を参照。

（19） ウィリアム・クラーク「環境のグローバル化」、J・S・ナイ、前掲訳書所収。

（20） この点については、サスキア・サッセン『グローバリゼーションの時代―国家主権のゆくえ―』（伊豫谷登士訳）、平凡社、二〇〇二年一二月、とくに六五～七〇ページ。

(21) Timothy J. Sinclair, Passing Judgment: Credit Rating Processes as Regulatory Mechanism of Governance in the Emerging Order, *Review of International Political Economy*, I, no. 1 (spring), pp. 133–159.

(22) ニール・M・ローゼンドルフ「社会と文化のグローバル化」、J・S・ナイ、前掲訳書所収、一四一ページ。

(23) この点については、青木一能編『アジアにおける地域協力の可能性』芦書房、二〇一五年二月を参照されたい。

(24) この点については、青木一能編『グローバリゼーションの危機管理論』芦書房、二〇〇六年六月、とくに第三章「企業のグローバル化と『社会』によるガバナンス」を参照されたい。

第２章

国連集団安全保障体制と日本の安全保障法制における「公的措置」の変遷と現在

掛江朋子

1 集団安全保障の理想と現実

1 国家の安全は誰が守るか

一九四六年帝国議会での日本国憲法第九条に関する議論で、吉田茂首相は自衛権の発動としての戦争もまた交戦権も放棄したものとしつつ、仮に日本を侵略するものがあればそれは全世界の敵であり、世界の平和愛好国にはこの敵を克服するという国際的義務が生じると述べている。(1)吉田のこの考えは、国連体制設立の基礎をなす集団安全保障の理念に基づくものである。

第２章　国連集団安全保障体制と日本の安全保障法制における「公的措置」の変遷と現在

集団安全保障体制とは、理論上、第一に国家は自分の判断で勝手に戦争その他の実力を行使してはならず、第二にこの約束に反して実力を行使する違反者に対して、他の国々が一致協力して実力を行使するよう要求するものである(2)。つまり、敵味方の区別なく国際の平和と安全を共通の価値とする共同体を前提とし、侵略等を行う国に対して「公の措置(3)」をとるために、共同体の構成員である各国家に権利義務を付与する。集団安全保障体制は、各国による単独の武力行使の放棄を担保するものであり、各国の個別判断に基づく「私的」な武力行使の禁止を実効性あるものとするために不可欠の要素である。

ところが、実際の国連憲章では公的措置の担保も私的措置の禁止も徹底されることはなかった。国連憲章は一般的な武力の禁止(第二条四項)を規定し、第七章の下に武力行使の統制を安全保障理事会(以下、安保理)に集中させる公的措置の規定を備えたものの、安保理で拒否権が導入されたために、措置の実施がその都度の政治的判断で決定されることとなり、その懸念から集団的自衛権が新たに導入された(4)。自衛権の行使は、急迫不正の侵害に直面した場合に、公的措置がとられるまでのあいだに限って認められる例外としての私的措置であり、集団的自衛権が認められることでこの私的措置の余地が大きく広がった。

2 今日的課題としての「私的な措置」

さらに、国連憲章が予定していた国連軍は、実際には創設されなかった。武力を伴う公的措置という担保が欠如することで、武力不行使原則はその実効性の前提条件を欠くこととなるため、武力を伴う公的措置を代替する何らかの措置が必要とされ、そのために平和維持活動や多国籍軍といった新たな枠組みが創設されるとともに、合法的な私的措置としての自衛権の重要性が注目されるようになった。

国連集団安全保障体制を前提として作成された日本国憲法は、周知のとおり、これまで一度も改正されることなく、国際的な変化の流れを追うように解釈の変更を行い、国連集団安全保障体制の受益者から裨益者へと日本の安全保障の性格を変化させてきた。吉田発言にみられる国連への絶対的信頼と自衛権の放棄を出発点とし、自衛隊の創設や任務の拡大、今日の平和安全法制へと変化を遂げてきたのである。本章では、日本の安全保障法制が国連の集団安全保障体制の変化とどのように対応してきたかを示すことをねらいとする。

2 国際法上の集団安全保障体制と集団的自衛権

1 国連集団安全保障体制の変化

上記のように国連軍が創設されず、集団安全保障体制が前提とする強制措置を担う主体が存在しないなかで、これを補完すべく総会決議によって創設されたのが平和維持活動（ＰＫＯ）であり、憲章第七章の変則的適用[5]である安保理授権型多国籍軍方式による強制行動である。これらのうち、伝統的なＰＫＯを形づくったのは一九五六年スエズ危機に対する国連緊急軍（ＵＮＥＦ）の実行であった。[6]他方、安保理授権型の多国籍軍方式は一九九〇年湾岸戦争を端緒とする。ここではＰＫＯと多国籍軍方式がどのように発展してきたのか、現在どのような課題を抱えているのかを概観する。

2 平和維持活動の変化

ＰＫＯの任務は、伝統的には戦闘の再発防止のための緩衝的役割や現地の治安維持等の警察的なものに限られていた。そのため、関係当事国の同意（同意原則）、受け入れ国の国内事項への不介入、紛争当事者への中立的立場の維持、および自衛目的以外での武力行使の禁止（自衛原則）を活動原則とし[7]、国連事務総長の統括下で実施されるあくまでも非強制的な措置として、国連憲章第七章に基づく強制措置とは区別された。しかし、冷戦終結後、安保理の機能が拡大するにつれ、ＰＫＯはその性格を変化させている。

まず、展開対象の圧倒的多数が内戦となり、その過程で生じた難民・避難民の保護、帰還や再定住の促進、人権状況の監視や選挙監視、さらには社会的経済的な要因を含む構造的な紛争原因の除去が必要とされるようになったため、伝統的な活動に政治過程が結びついた複合化現象が生じている[8]。それにともない、自衛原則に関しては、とりわけ文民の保護が必要とされる南スーダンのような事例において、ＰＫＯ要員の安全を確保するための武力行使という狭義のものから、任務遂行への妨害行為に応戦する手段としての武力行使にまで拡大した。

その一方で、後述する多国籍軍方式の強制措置が頻繁に発動されるようになると、ＰＫＯと強制措置の結合現象が生じ[9]、ＰＫＯは伝統的な活動原則を越えて展開されるようになった。とりわけ一九九〇年代前半には、ソマリアで多国籍軍である統一タスクフォース（ＵＮＩＴＡＦ）の任務をＰＫＯである第二次国連ソマリア活動（ＵＮＯＳＯＭＩＩ）が引き継ぎ、ユーゴスラビアではＰＫＯである国連保護軍（ＵＮＰＲＯＦＯＲ）が武力行使を伴う任務を付与され、ＮＡＴＯの軍事活動と共同歩調をとった。これらＰＫＯが十分な成果を出すことなく終了した後、二〇〇〇年に国連事務総長の下に作成されたブラヒミ報告、二〇〇八年のキャップストーン・ドクトリン(10)では、改めてＰＫＯ原則が確認され、強制措置とＰＫＯが区別された。ただし、これらの報告書では公平性（impartiality）が中立性（neutrality）を意味しないこと、すなわち紛争当事者の一方が関連法に違反する場合には両者を平等に扱い、違反者を放置すべきではないこと、また全当事者からの同意は不要であることなども強調された(11)。同様に二〇一五年のＨＩＰＰＯレポートでも、ＰＫＯ原則が文民保護不履行の言い訳になってはならないと述べられている(12)。これらを踏まえて、今日展開される多くの事案では「強化されたＰＫＯ」（robust peacekeeping）として憲章第七章下に必要な措置が授権されており(13)、その範囲において国連のＰＫＯ原則は変容している(14)。

３　多国籍軍方式の登場

安保理授権型の多国籍軍方式は、湾岸戦争に関する安保理決議６７８が憲章第七章の下にクウェート政府に協力する加盟国に「すべての必要な措置」を授権し、国連の統括下ではなく、参加各国の自主的な活動を事実上合体させたものとして扱われたが[15]、それ以降多くの事例でこの授権方式が踏襲されてきた。憲章起草当初、安保理は国内問題を扱わないものとされていたが、今日では内戦が「平和に対する脅威」と認定されることは稀でなく、国際人道法違反や国際協定違反も脅威の構成要素となっている。また、強制措置の目的も多様化しており、湾岸戦争ではイラク撤退を目的としたが[16]、その後は安全地帯に対する攻撃の抑止および同地帯の住民への人道援助活動[17]、避難民と人道的救援活動の保護と安全確保[18]、文民および文民居住区の保護[19]なども含まれるようになった。このような背景のもとで強制行動とＰＫＯの結合現象は生じたが、それは本来的に任務が異なる両者の境界線を不明確にしたといえる。

3 日本の安全保障法制の現在

1 日本の安全保障法制の変遷

憲法第九条の解釈は変遷を続けてきた。一九五〇年に吉田首相が「力によらない自衛権を日本は持つ」と述べ[20]、翌一九五一年には旧日米安保条約が調印された。さらに翌一九五二年、憲法が禁止する戦力とは近代戦争遂行能力[21]であるとされ、一九五四年の自衛隊発足時には、

「自衛のための必要最小限度」[22]であれば実力保持も合憲とされた。二〇一四年の閣議決定で、我が国と密接な関係にある他国に対する武力攻撃が発生し、我が国が存立危機事態に陥った場合には、集団的自衛権の行使が憲法上許容されるとの解釈変更がなされたことは記憶に新しい[23]。

憲法第九条の解釈変更を中心とした日本の安全保障法制の変遷は、基本的に日米安保を背景とした私的措置の強化の歴史である。日本において集団的自衛権は、一九五二年の旧安保条約以来、在日米軍が日本を防衛するという受動的なかたちであり続けた。一九七八年の「日米防衛協力のための指針」(ガイドライン)では「日本領域内」での有事における日米の役割分担、一九九七年新ガイドラインでは「日本領域外の周辺事態」に関する「後方支援」に限定した協力枠組みが明確化された。その際、自衛隊の活動と他国の武力行使との一体化を回避する「武力行使との一体化論」が強く意識された。すなわち、日本自身は武力行使を行わないとしても、例えば戦闘行為の現場において武力を行使している外国軍隊に物資や役務を提供する行為が他国軍隊の武力行使との密接性ゆえに一体視されることで、その場合は日本も武力行使を行ったとの法的評価を受けると考えられたのである[24]。このように、日本領域内での自衛以外の武力行使は認められず、したがって、国連集団安全保障体制に基づく公的措置としての武力行使は憲法上許容されないと考えられたため、日本のＰＫＯ参加が本格化した一九九二年国際平和協力法の成立後も、武力行使のみならず他国の武力行使との一体化も回避され、自衛隊の活動は、後方支援に限定されてきた。

ところで、日本でＰＫＯ参加の議論が活発化した契機は、湾岸戦争時の多国籍軍への支援である。冷戦終結後、米国における「安保ただ乗り」の批判を受けて、日本政府は多国籍軍に対して資金のみならず人的貢献を認める「国連平和協力法案」を提出した。これは武力行使・威嚇を伴わない前提のもとでの①ＰＫＯへの参加・協力、②「後方支援活動」による多国籍軍協力に従事する任務・権限の付与を内容としたが、廃案となった[25]。その後、湾岸戦争における資金のみの貢献に対する国際的な低評価を受けて、一九九二年「国際平和協力法」が成立した。同法は「国際連合の統括の下に行われる活動」ではない多国籍軍への後方支援を除外し、ＰＫＯ派遣のみを対象としている。さらにＰＫＯ参加五原則（停戦合意の成立、紛争当事者の同意、中立性、条件が満たされない場合の撤収、最小限の武器の使用）を明記し、武装解除の監視、緩衝地帯の駐留・巡回、検問等[26]といった平和維持部隊（ＰＫＦ）本体業務を凍結（同法附則第二条）している。これに加えて、ＰＫＯへの「参加」と「協力」とを区別し、国連の指揮下に入りその一員として行動する「参加」は憲法上許されないが、ＰＫＯ組織の外で「参加」に至らない各種の支援を行う「協力」は許されるとの見解が示され、便宜上日本の自衛隊はＰＫＯ本体の指揮命令系統から分けられることとなった[27]。

しかし、文民の保護を目的とした「強化されたＰＫＯ」が主流化し、国連のＰＫＯ原則が変容するなかで、国際平和協力法による制限とのギャップが生じ、それによって現場の自衛隊員を混乱させたり、国連側との軋轢を生んだりする等の問題を引き起こした[28]。そのため、一九九八年改正では停戦合意がない場合でも国際機関が実施する人道救援活動への物資協力が可能となった[29]。本体業務に関しては、二〇〇一年の改正で凍結が解除されたが、それでも憲章第七章に基づいた自衛を超える武力行使の可能性があることから、日本政府は参加を自制してきた[30]。同じく二〇〇一年改正では、自衛隊法第九五条の適用除外が解除され、自衛隊の武器等を防護するための武器使用も可能になった。しかし、同じＰＫＯ等の活動に従事する他国の部隊や隊員が攻撃を受けている状況で我が国の隊員が駆け付け、救援することができないこと、ＰＫＯ等での他国軍隊への後方支援に関して「武力行使との一体化」を回避しなければならないことに関して、国連と日本法とのあいだでのギャップは残った。

日本政府はこれまで、国際平和協力法で対象外とした多国籍軍への後方支援に関しては「テロ対策特措法」や「イラク人道復興支援特措法」といった特別措置法で、また多国籍軍によるものの海上警察活動に留まるソマリア沖での活動に関しては「海賊対処法」で、それぞれ対応してきた。例えばイラクでの自衛隊の活動は、二〇〇四年の活動開始当初は米国中心の連合国暫定施政当局（ＣＰＡ）を支援するものであったが、同年六月安保理決議１５１１で多国籍軍の活動が許可された後は、多国籍軍の一員としての活動となった。[31] ただし、いずれの場合においても後方支援は、「他国の武力行使との一体化」を回避するために、「非戦闘地域」での活動に限定されてきた。

２　平和安全法制における「公的措置」の強化

二〇一五年三月に施行された平和安全法制は、一〇の法改正と一つの新法制定によって、従来の変更をさらに強化するものである。どのような強化がなされたのか、ここでは公的措置に関する国際平和協力法改正と国際平和支援法の新設を中心に検討する。

まず、国際平和協力法の改正によって、活動地域住民等の防護や業務妨害行為を排除するための安全確保業務、および活動関係者を防護するための駆け付け警護の実施に必要な武器使用を可能にした。また、新たな活動として、国連統括下にない平和維持活動をも含む「国際連携平和安全活動」を追加している。次に、一九九二年に除外された多国籍軍に対する後方支援も、国際平和支援法では「国際平和共同対処事態」として活動対象に含まれ、これまで特別措置法によって事例ごとに対応していたものを常設化した。これに伴い、同事態での外国船舶検査活動等を可能とする船舶検査活動法が改正された。これは国連決議を条件とするが、必ずしも多国籍軍方式の授権を必要としていない。これらの変更によって、日本の武器使用基準が一般的なＰＫＯ並みになったため、ＰＫＯ活動全体との一体性が確保しやすくなったと同時に、ＮＡＴＯのユーゴスラビア空爆のような授権のない場合でも、安保理が「平和に対する脅威」を認定し、何らかの取り組みを求めれば参加できる。

その一方で、「武力行使との一体化」回避に関しては、国際平和支援法でも従来の立場が堅持されている。まず、活動領域は「現に戦闘行為が行われている現場ではない」と限定されており、これによって従来の一体化を回避している（国際平和支援法第二条三項）。また、同じ宿営地にある他国軍隊に攻撃が生じた場合には、他国要員と共同して武器を使用できるとしており（国際平和協力法二五条七項）、一体化を許しているかのようにみえるが、「武器の使用」と「武力行使」は区別されており、前者は刑法上の正当防衛又は緊急避難に該当する場合のみ認められる。つまり、軍事力の行使には当たらないとの整理である。

今回の法改正では、日本のＰＫＯ五原則と変容しつつある国連のＰＫＯ原則とのギャップの関係については触れられていない。今回の改正が自衛隊の派遣形態を劇的に変える可能性は高くないと考えられているものの、[32] 国連ではＰＫＯ原則がもはや絶対視されず、南スーダンのように当該国政府と対立してでも文民の保護が必要とされる状況に直面するなか、日本のＰＫＯ五原則との整合性をどう捉えるべきかは今後の検討課題である。

4 国際平和協力法による公的措置の強化への貢献

平和安全法制を国連集団安全保障体制の変遷に照らしてみると、同法制は、本章で述べてきた公的措置のための自衛隊任務の拡大であるとともに、国連の機能不全の補完、すなわち依然として敵・味方の区別が存在する現代社会における集団的自衛権という私的措置の強化であることが分かる。さらに、イラクでの後方支援の例が示すように、これまでの日本の公的措置への貢献が日米安保という私的措置強化の延長線上にあるという印象も拭えない。とはいえ、理論的には私的措置の必要性を抑制するには公的措置の整備が不可欠であり、実際にはＰＫＯや多国籍軍によって自衛権発動が不要になるという単純なトレードオフ関係は成立しないものの、日本の積極的なＰＫＯ・多国籍軍への参加は公的措置の強化という点で武力行使禁止原則の実効性に資するものである。今後日本がどのようなかたちで公的措置に貢献していくかは、国連集団安全保障体制にとって集団的自衛権のあり方に劣らない重要性をもっているといえよう。

【注】

（1）官報号外（一九四六年六月二七日）第九〇回帝国議会衆議院議事速記録第六号、八二ページ、http://teikokugikai-i.ndl.go.jp/SENTAKU/syugiin/090/0060/main.html (as of 16 Aug. 2016)。

（2）高野雄一「国際連盟と国際連合の集団安全保障」同『集団安保と自衛権―高野雄一論文集（2）―』東信堂、一九九九年、三～五ページ。

（3）Nicholas Tsagourias and Nigel D. White, *Collective Security: Theory, law and practice* (Cambridge University Press, 2013) pp. 20–21.

（4）詳しくは拙著『武力不行使原則の射程―人道目的の武力行使の観点から―』国際書院、二〇一二年。

（5）香西茂「国連による紛争解決機能の変容」山手治之ほか編『現代国際法における人権と平和の保障』東信堂、二〇〇三年。

（6）酒井啓亘「国連安保理の機能の拡大と平和維持活動の展開」村瀬信也編『国連安保理の

機能変化』東信堂、二〇〇九年、九七～九八ページ。

（7） United Nations, *United Nations Peacekeeping Operations Principles and Guidelines*, 2008 (henceforth, 'Capstone Doctrine'), pp. 31–34.

（8） 香西茂「国際連合の紛争処理機能の動向」『国際問題』第三九〇号（一九九二年）六～一〇ページ。

（9） 香西茂『国連の平和維持活動』有斐閣、一九九四年。

（10） Capstone Doctrine, *supra* note 7.

（11） Capstone Doctrine, *supra* note 7, pp. 31–34.

（12） United Nations, *Uniting Our Strengths for Peace, Report of the High-Level Independent Panel on Peace Operations* (2015) (henceforth, 'HIPPO Report'), pp. 32–33.

（13） アフリカに展開した一五件のＰＫＯのうち、一二件は憲章第七章の適用がある。井上実佳「『保護する責任』と平和維持活動―アフリカに焦点を当てて―」『国際安全保障』第四〇巻、第二号（二〇一二年）七二～七三ページ。

（14） 篠田英朗「国連ＰＫＯにおける「不偏性」原則と国際社会の秩序意識の転換」『広島平和科学』第三六巻（二〇一四年）二五～三七ページ、藤重博美「国連平和維持活動の潮流と日本の政策―五つの政策課題における「ＰＫＯギャップ」に注目して―」『国際安全保障』第四三巻、第四号（二〇一六年）二三～三七ページ参照。

（15） 小松一郎『実践国際法』信山社、二〇一一年、四一一ページ。

(16) UN Doc. S/RES/660(1990).
(17) UN Doc. S/RES/836 (1993)（ボスニア・ヘルツェゴビナ）。
(18) UN Doc. S/RES/925 (1994) para. 4; UN Doc. S/RES/929 (1994) para. 3（ルワンダ）。
(19) UN Doc. S/RES/1973 (2010) para. 6（リビア）。
(20) 第七回国会衆議院会議録第一五号（一九五〇年一月二八日）。
(21) 第一二回国会平和条約及び日米安全保障条約特別委員会議事録第一四号（一九五一年一一月九日）。
(22) 第二一回国会衆議院予算委員会議事録第二号（一九五四年一二月二二日）。
(23) 臨時閣議及び閣僚懇談会議事録（二〇一四年七月一日）、at http://www.kantei.go.jp/jp/kakugi/2014/__icsFiles/afieldfile/2014/07/22/260701rinjigijiroku.pdf（二〇一六年一〇月一二日最終閲覧）。
(24) 安全保障の法的基盤の再構築に関する懇談会（安保法制懇）『安全保障の法的基盤の再構築に関する懇談会』報告書（二〇一四年六月二五日）。
(25) 柳井俊二「日本の平和貢献とその法的基盤」柳井俊二ほか編『国際法の実践』信山社、二〇一五年、九ページ。
(26) 安保法制懇、前掲報告書、注（24）。
(27) 安保法制懇、前掲報告書、注（24）。
(28) 藤重、前掲論文、注（14）、二一九ページ。

(29) 内閣府ウェブサイト「国際平和協力法の一部改正（一九九八年六月）について」http://www.pko.go.jp/pko_j/data/law/law_data03.html（二〇一六年九月一日最終閲覧）。

(30) 安保法制懇、前掲報告書、注（24）。

(31) 酒井啓亘ほか『国際法』有斐閣、二〇一一年、五三一ページ。

(32) 藤重「前掲論文」、注（14）、二九ページ。

第３章

海外からみる安倍「積極的平和主義」の可能性

細田尚志

1 チェコ共和国における日本のイメージ

1 大学生に対する意識調査

在外邦人にとって、日本のイメージは生活の質や安全に直結する重要な要素である。日本のイメージが向上し、敬意を持って扱われることは、在外邦人だけでなく、海外との取引や旅行をする日本国民にとっても有益であるとともに、様々な日本の国益にも直結する。

本章では、世界のなかの日本のイメージをソフト・パワー（強制や報酬ではなく、魅力によって望む結果を得る能力）の一端と捉え、その観点から世界における日本の立ち位置を検証する。

そのうえで、世界における日本の国家イメージのさらなる向上のために、「経済の躍動感が人々の目を惹き付ける」という現実は否定できないものの、経済以外に、魅力を感じ敬意を払われる方法として、ここでは「魅力的な国家ビジョン（政治・外交的価値への評価）」としての「積極的平和主義」に着目し、これが、日本のイメージ向上にどのように寄与するのか検討してみたい。

さて、可視的ではないソフト・パワーやその影響を計測・検証することは困難を伴うが、各国における世論調査において、世界のなかの日本の立ち位置を確認することは可能である。チェコ人の諸外国に対する親近感を五段階評価（一が最も良く、五が最も悪い）で表した二〇一五年の世論調査(1)によると、日本に対する親近感は、二・四七を記録し、チェコの兄弟国家であるスロバキアに対する親近感（一・五七）や、欧州の大国フランス（二・〇三）、英国（二・〇九）は別としても、ハンガリー（二・二七）やポーランド（二・三三）と同様に、良好であるといえる。これは、米国（二・五八）よりも良いだけでなく、過去の歴史的な背景から評価の低いドイツ（二・五六）やロシア（三・一二）よりも評価が高い。しかし、この対日感情のポイントは、二〇一三年（二・三）、二〇一四年（二・三八）、二〇一五年（二・四七）と徐々に低下している。

チェコの大学生達の日本に対するイメージで最も多いものは、「礼儀正しい」、「勤勉」、「豊かな伝統文化」、「先進技術立国」、「経済大国」といった文化・経済的なステレオタイプであるが、それ以外にも、「礼儀正しく、遵法精神が高い」、「自国文化に誇りを持つが、それをひけらかさない」、「最も欧州に（文化的に）近いアジア諸国」といったイメージを抱いている学生も多い。

2　大学生の日本認識が示すバランス感覚

回答した学生の多くが、安全保障研究専攻で、これまで、日本に留学経験がなく、日本人と直接交流した経験もないことから、これらのステレオタイプやイメージの多くは、メディア等を通じた間接的な情報習得の結果として形成されたものである。しかし、当地における、日本を含む諸外国に関する報道は、原則的に、事件・事故を除けば、読者・視聴者の目を引く極端な報道（外電の引用報道）が多く、ネガティブでエキセントリックなイメージが形成され易い。そのなかで日本に対するイメージが比較的良好なのは、ひとえに先人達の努力の賜物であろう。

ただし、日本の置かれた安全保障環境や、憲法上の制約から、米国との同盟に依存して中国等に対するバランス戦略を維持する必要性は理解されるものの、対米追従ばかりで日本の主体的な戦略がみえてこないことを理由に、日本は実質的に米国の属国なのではないかとも指摘される。

チェコはアジア諸国から地理的に離れ、国内に特定のアジア諸国出身のエスニック集団も存在せず(2)、歴史的にも特定のアジアの国と直接的な利害対立がないため、どの国に対しても客観的である。したがって、チェコにおける上記のようなイメージは、世界における「日本」に対する客観的なイメージの典型的なサンプルの一つといえるであろう。

2 中国の国家ビジョンに霞みつつある日本

1 中国への警戒感の薄さ

相対的に良好な対日感情に対し、一般的な中国に対するイメージは良好とはいえない。例えば、先の世論調査をみても、中国に対する感情は、三・〇七と、ロシア（三・一二）やウクライナ（三・一六）同様に低いといわざるをえない。しかし、この数値は、二〇一二年調査（三・三）、二〇一四年（三・二）、二〇一五年（三・〇七）と徐々に改善されている。

また、学生達の抱く対中イメージも「共産党による一党支配」や「検閲による管理」、「基本的人権の蹂躙」、「環境破壊」、「膨張主義」、というマイナスのステレオタイプが主流だが、その一方で、「台頭する大国」、「一帯一路」というプラスのイメージも聞かれる。

当然のことながら、学生達は、尖閣周辺海域への中国公船による不法侵入、南シナ海における人口島造成や国際調停裁判所の判決等への興味は深く、中国による三戦（世論戦、心理戦、法律戦）[3]やハイブリッド戦（人民解放軍海軍、海警と並んで一部漁船団を海上民兵として利用している点等）[4]についても非常に関心は高い。しかし、中国の動向は、約九〇〇〇キロの遠隔地という地理的条件によってチェコの国防には直結しないと考えられ、彼らにとって所詮は他人事である。つまり、中国脅威論が盛んで対中感情が悪化している国は、世界的にみると日本とヴェトナム、フィリピンくらいで、その危機感はほとんどの国と共有されていないのである。

チェコでは、中高年層を中心に依然として社会主義時代の影響から米国に対する批判的な感情が根強く、二〇〇八年にブッシュ政権が計画した欧州ミサイル防衛用レーダー施設建設に関する議論の際には、「ロシア（ソ連）も悪で、アメリカも悪だが、まだロシアの方がましだ」という意見が広く聞かれた。比較的親米傾向が強い若年層でも、米国文化への憧れとは別に、米国によるアフガニスタンや中東諸国への介入を理由に批判的な感情がもたれており、九割近い回答者がアメリカに対する感情を良好であると回答する日本国内[5]とは、大きく感覚を異にする。しかし、このチェコ社会の米国に対する批判的視線は、世界における一般的な感覚に近いといえる。

2 中国のチェコ進出

二〇一三年に、反米・反ＥＵの裏返しとして親露・親中路線に舵を切るゼマン氏が大統領として権力の座につき、同様に、親露・親中色を強める中道左派の社会民主党が中道右派政党と連立政権を樹立して以降、チェコ政府は、中国国内の人権問題やチベット問題等には目をつぶり、中国からの投資誘致や、中国市場へのチェコ企業進出のための経済協力を優先政策に位置づけている。その結果、ここ数年、大統領や首相ら主要閣僚が毎年のように北京詣でを続ける一方、日本を訪れる主要閣僚は非常に少ない[6]。これに対して中国はチェコを「欧州へのゲートウェー」と位置づけ、積極的な投資攻勢をかけており、二〇一五年には中国からの直接投資総額は約二億八〇〇〇万ドルに達した。

しかしながら、中国製造業のチェコ進出は、依然として四社程度である一方、日本からは、製造業・非製造業・銀行等合わせて二四〇社近い日系企業が進出しており、毎年、その数は少しずつではあるが増加している。この日系企業の多くがグリーンフィールド投資（新規に法人を立ち上げ、工場設立、従業員の採用等を行う投資）であることも、ブラウンフィールド投資（既存社の買収）が中心の中国との大きな違いであり、チェコにおける経済的な存在感という意味では、必ずしも日本の経済的な存在感が減少しているとはいえない。そのため、肯定的な対日感情のポイントが徐々に低下している一方で、中国のそれが改善している理由を単純に経済的なプレゼンスの増減に求めることはできないだろう。

また、直行便開設による中国人観光客の爆発的増加によって、中国人の言動を直接目にするチェコ人も増加しており、チェコにおける中国人観光客の振る舞いはおしなべて良好なものでなく、彼らが対中イメージの改善に寄与しているとも思えない。

3　中国のソフト・パワーとしての一帯一路構想

この世論調査の結果をもたらした一つの要因は、近年、チェコ国内で開催される国際シンポジウム等で必ず話題とされている「一帯一路構想」である。これは、チェコでも様々なメディアで取り上げられ、チェコ政府を含め、多くのチェコ人にとって、壮大な国家ビジョンとして受け止められている。そのため、対中感情の改善の理由として、「急速に台頭する二一世紀の大国に乗り遅れるな」という「一帯一路構想」に代表される国家ビジョンへの期待感が挙げられるのではないだろうか。ただし、この構想自体、発展途上のものであり、具体的な内容は依然として不明瞭であり、あくまでもイメージ先行である点に注意が必要である。

既に使い古された言い方かもしれないが、J・S・ナイは、ソフト・パワーとして、①文化（他国がその国に魅力を感じること）、②政治的価値観（国内外でその価値観に恥じない行動をとっていること）、③外交政策（正当で敬意を払われるべきものとみられていること）と定義付けている。[7] この点、中国の「一帯一路構想」は、一種のソフト・パワーとして機能していると考えられる。

この点で、残念ながら、「クールジャパン」として政府が打ち出している日本のアニメーション等のJポップカルチャーといったソフト・パワーは、極めて表層的な大衆文化であり、チェコのみならず欧州においては、高級文化のメインストリームにはなりえず、日本の国家ビジョンとして共鳴共感を得ることも、敬意を払われることにも寄与しない可能性が高い。したがって、ここで「積極的平和主義」が、魅力的な国家ビジョンになりうるかどうか検証する必要が生じる。

3 積極的平和主義は魅力的な国家ビジョンになりうるか

1 平和安全法制の成立

二〇一三年一二月に閣議決定された「国家安全保障戦略」では、日本を取り巻く安全保障環境が緊迫化しており、①我が国一国では安全が確保できない状況であり、②我が国が一層積極的な役割を果たすことも期待されていることから、これまでの「専守防衛、軍縮・大量破壊兵器不拡散、非核三原則」等の平和国家原則を堅持しつつ、国際協調主義に基礎を置いて積極的に国連の安全保障措置等に参加することで、我が国及びアジア・太平洋地域の平和と安定に寄与することを宣言、「我が国が背負うべき二一世紀の看板」[8]であると位置付けられた。

この大看板を実施するうえで、集団的自衛権に関する憲法解釈の変更が必要不可欠とされたことで、二〇一四年七月、武力行使の新三要件に定める「存立危機事態」時に、同盟国に対する集団的自衛権の行使を容認する憲法解釈の変更が閣議決定され、二〇一五年四月、防衛協力のための指針（ガイドライン）が日米安全保障協議委員会で了承され、同年九月、平和安全法制が成立した。

一連の経緯は、チェコにおいても報じられたが、国民の支持が低調ななか、国会内で十分な議論を尽くす義務を野党が放棄し、結果的に数の理論で与党が採決した点や、憲法改正ではなく憲法解釈の変更で集団的自衛権の行使に道を開いたことから、日本各地で様々な反対運動が生じた点も報じられた。因みに、国会周辺で大きな混乱もなく開催された反平和安全法制の大規模デモ報道は、周辺各国と異なり日本では「表現の自由」が確保されているという証となり、世界における日本のイメージ向上に少なからず役立ったと、筆者は分析・評価している。

2 ソフト・パワーの観点からみた積極的平和主義の可能性

では、この積極的平和主義が、魅力的な国家ビジョンとして世界のなかの日本の立場を強化し、日本のイメージを向上させるに資するかどうかであるが、例えば、非核三原則や、軍縮・大量破壊兵器不拡散の原則は、オバマ大統領による核廃絶に向けたプラハ演説（二〇〇九年四月）[9]の精神にも合致する。同演説は、チェコでも高く評価されており、核軍縮の方向性は広く世界の共感を呼び魅了する源泉となるため、これら原則の堅持は、唯一の被爆国である日本の平和主義の価値観を表現するうえで非常に重要である。しかし、当地において、「専守防衛、軍縮・大量破壊兵器不拡散、非核三原則」等の日本の平和国家原則が、ほとんど知られていないことに留意し、地道な広報を進める必要性がある。そのうえで、それらの原則がぶれないことも重要であろう。

また、依然として世界第三位の経済大国としての国際社会における立ち位置から、日本は、己の利益を享受するだけでなく、立場にふさわしい国際貢献によって利益還元を図るべきである。また、その貢献にはこれまで培ってきた「人間の安全保障」構想に沿った技術・資金援助、草の根支援のみならず、ハード・パワーとしての軍事力を行使した「援助」的貢献も選択肢として含んでこそ、自己犠牲のうえに成り立つ利他的な国際貢献を促進しようとする日本の決意を世界にみせる契機となり、ソフト・パワーの源泉となりうると考えられる。これこそが、ハード・パワーとソフト・パワーの源泉を効果的に戦略に結びつけるスマート・パワーの考え方に繋がる。(10)

さらに、多極世界を目指し、米国の勢力を削ぐことで国益の一致する中国とロシアの共同歩調は、厳しい安全保障環境に置かれる日本にとって懸念材料であり、ロシアとの関係改善は日本の安全保障環境を安定化させるうえで、非常に重要な意義を帯びている。それゆえに、積極的平和主義を触媒としたロシアとの平和維持活動を通じた相互交流や信頼醸成を進めることが求められている。この点に関して、ロシアを脅威として認識しているＮＡＴＯ諸国に対しても、ロシアとの関係改善を促しつつ、アジアの安全保障が欧州のそれと直結していることを説明し、欧州諸国をアジアの安全保障に巻き込むことも必要不可欠であり、積極的平和主義をそのための基礎にすべきである。

以上から、積極的平和主義は、日本のイメージ向上に向けた国際貢献の理論的基盤としての有用性はあると判断できる。ただし、積極的平和主義は、実際に行動し、実績を積んでこそ、その「イメージ向上」の効力が発揮される。ゆえに、具体的な貢献策に着手するうえで、実際の運用には、次の三点を提言したい。

4 積極的平和主義による日本のイメージ向上に向けて

1 積極的平和主義は、対米追従を強化する手段であってはならない

そもそも日米同盟において日本の主体性を保つうえで必要であるとの理由で、集団的自衛権の行使に道を開いた以上、対米追従を追認・強化する手段にすべきでないのは明白である。

また、国際協調主義に基礎を置いて積極的に国連の安全保障措置等に参加することも、結局は米軍を補完する自衛隊の機能と統合運用の可能性を強化し、最終的には日米一体化を押し進める結果になるのではないかとも懸念されるが、あくまでも日本の主体性や部隊運用に関わる主権が担保されるべきである。

仮に、なし崩し的に米国との一体化が進むようなことがあっては、反米感情がくすぶる世界において、日本もその片棒を担いでいる太鼓持ちにみられても致し方ない。それゆえに、利他的な貢献策を前面に押し出した自律的な積極的平和主義による確固たる日本像の形成が求められている。

2　確固たる国防意識と国際貢献意識の重要性を国民に知らしめる必要性

積極的平和主義の本質が、対米追従の補完ではなく、利他的自己犠牲の精神でアジア・太平洋地域の平和と安定に広く寄与することであるならば、その方針に則って積極的に貢献する姿勢を示す前に、その意義を国民に周知し、理解を深めなければならない。なぜならば、国民から支持されない国家ビジョンは、現実的に機能しえないからだ。

その際、大きな障害となるのが、戦後日本の平和主義である。正確にいうと、第二次大戦における戦争加害者ではなく被害者意識に基づく、日本人の被害にのみ敏感な、偏狭な平和主義（独善的平和主義とも表現できる）の風潮であろう。戦争や安全保障に関する正しいことを学び理解することを否定し、戦争に関係することにことごとく蓋をして、なぜ戦争になったのか、なぜ負けたのか、なぜ軍事力がなくならないのかを知らない、あるいは知ろうとしないことこそが平和であるという、歪んで偏狭な平和主義は、「あの惨禍を再び繰り返さない」という、先の大戦で学んだ不戦の誓いという、本来の意味での日本の平和主義を危機にさらしている。

結果的に、日本人に被害が出ることを恐れて、他の国民が日本の貢献を必要としている場合でも、その是非を議論もせずに軍事的貢献を頭ごなしに否定する風潮が強い。さらに、「自国の安保も他人事」という感覚すら蔓延していることは深刻である。実際、チェコに留学してくる日本人学生や在留邦人の若年層に、日本有事の際にどうするかを問うと、ほぼ間違いなく、「日本から逃げる」という回答を聞く。いや、日本は君たちの母国だと指摘すると、「でも、代わりに米軍が守ってくれるはずだ」と、まるで他人事なのである。そんな暢気な国民のために、米国人の若者が血を流すことを、米国大統領や議会、米国民は快く受け入れるだろうか。

内閣府は、毎年、「自衛隊・防衛問題に関する世論調査」を実施しており、その調査には、「外国から侵略された時の態度」という項目がある。確かに、六・八パーセントが「自衛隊に参加して戦う」、五六・八パーセントが「何らかの方法で自衛隊を支援する」と回答している。[11] しかし、ここで問題なのは、回答の選択肢に「日本から逃げる」という選択肢がないことだろう。

国民の理解を深めるためには、義務教育課程に安全保障に関する授業を設置し、なぜ日本は「生存空間確保」などという言い訳で大陸に進出し、国力格差の大きな米国に対しても無謀な戦争を始めてしまったのか、陸海軍の対立や技術軽視・精神重視、兵站・シーレーン防衛・情報戦軽視といった戦争の敗因、周辺国への加害者としての側面、戦後日本の置かれた安保環境や継戦能力が低くいびつな日本の防衛力の現状、唯一の被爆国の一方で米国の核の傘に依存している矛盾、日米同盟による米国の日本防衛義務とて米国議会次第である点等、様々な現実を多角的に説明したうえで、「日本の防衛は、日本人の義務」であることを教育する機会を設けるべきだと考える。

国内で一流とされる各大学からの日本人留学生のほぼ全員が、これまでの教育において、これらの情報に接する機会がなかったと告白するが、このような内容を体系的に学ぶ機会が、国民にほぼ皆無であったこと自体、戦後平和教育の致命的欠陥を表している。そして、この授業を通じて、国民が、メディアの垂れ流す一方的な「中国脅威論[12]」に疑念を抱くように、客観主義的な安全保障の感覚を研ぎ澄まさせるべきである。

3　英語等主要言語での情報発信強化の必要性

学生から良く、「日本の安全保障に関する論文を書きたいが、日本語は読めないので、英語のソースを紹介して欲しい」と聞かれるのだが、紹介したい論文が日本語のみであることが多く、忸怩たる思いをする。勿論、日本の安全保障研究をするなら、日本語文献を読解できるのが理想的ではあるが、中国人研究者による「一帯一路」構想や中国の戦略研究に関する英語研究論文が、国家の後押しのもと数多く存在するなかで、日本人による日本の安全保障に関する英語論文や日本の研究機関からの外国語発信が相対的に少ないのは、おおいに気になるところである。特に、日本の安全保障に関する政府説明には、国内向けの「言葉の綾」的なものも多く、英語等で説明できないことには世界で通用しない。

また、積極的平和主義に関する国外報道のなかには、現状を正しく検証せずに、「安倍政権の言動＝右傾化」という、まるで某国のプロパガンダのようなステレオタイプを前提にしている欧米系のニュース記事も多々含まれていた。しかし、問題は、そのステレオタイプに対して、日本人が、英語等主要言語で、丁寧に、反論していく情報発信が少ないことではないだろうか。和辻哲郎は、日本人の特質を、「しめやかな激情・戦闘的な恬淡[13]」と描写したが、必要に応じて即座に抗議をせず、最終的に極端な行動に出るようでは、国際社会におけるイメージ向上には繋がらない。

日本は開国以来一〇〇有余年に亘り、外国から文化を移入することに大きな努力を払ってきた。しかし、自国文化を外国に移出するのに、その努力の一〇〇分の一も努力を払ってこなかったと指摘される[14]。積極的平和主義という、終戦以降で初めての国家安全保障戦略を策定した以上、これを契機におおいに発信する戦略をもつ必要がある。具体的には、日本人研究者の安保法制研究を含む日本研究に関する英語論文投稿に対する報奨制度や、英語等への翻訳補助制度を整備するとともに、学術誌やメディア等の発信媒体を複数確保することが必要ではないだろうか。現在、各在外公館に配布されている日本関連広報誌が、経費節約によって冊数、内容ともに激減しており、この現状は三戦を押し進める中国と渡り合ううえで、危機的状況ともいえる。

5 スマート・パワーの構築に向けて

これまで、工業製品などの経済的側面や勤勉性などの社会文化的な尺度で評価されてきた日本ではあるが、経済指標等で周辺国に追いつき追い越され、少子高齢化社会に直面した現在、国内には、閉塞感が漂っている。しかし、このまま「座して死を待つ」のではなく、今後は経済や文化的側面に加えて、積極的に世界の平和に貢献することで、政治・外交の側面でも評価・尊敬され、スマート・パワーを行使できる存在を目指す必要がある。

チェコにおいても、近年では一部の政治家や安全保障専門家のあいだで、拡張主義傾向をみせる中国の行く末に懸念を感じ、日本の果たす地域的役割を見直し、より積極的な貢献を期待する声が聞かれるようになっている。その期待に応えられるかどうかに、今後の日本のイメージの推移が懸かっているのではなかろうか。

【注】

（1） チェコ科学アカデミー世論調査センター（CVVM）世論調査、二〇一五年一二月実施。

（2）社会主義時代に端を発するヴェトナム人マイノリティーが六万人程存在するが、チェコ人（人口一〇五六万人）のアジア観に大きく影響を与える存在ではない。

（3）中国による日本国内での世論戦の現状は、Bergerson. Kristien, "China's Efforts to Counter U.S. Forward Presence in the Asia Pacific," *U.S.-China Economic and Security Review Commission*, March 2016内でも指摘されている。

（4）Kraska. James, and Monti. Michael, "The Law of Naval Warfare and China's Maritime Militia," *International Law Studies*, U.S. Naval War College, Vol. 91, 2015.

（5）内閣府「外交に関する世論調査」、二〇一六年一月調査。

（6）直近の大型要人往来は、小泉首相（二〇〇三年）、クラウス大統領（二〇〇七年）が最後。

（7）ナイ、ジョセフ・S『ソフトパワー――二一世紀国際政治を制する見えざる力――』（山岡洋一訳）日本経済新聞社、二〇〇四年、三四～三九ページ。

（8）安倍首相の年頭所感、二〇一四年一月一日、http://www.kantei.go.jp/jp/96_abe/statement/2014/0101nentou.html

（9）米EU首脳会議のためにプラハを訪問したオバマ大統領は、核兵器を使用したことのある核保有国としての米国の道義的責任に言及し、核兵器のない平和な世界を追求する決意を宣言した。

（10）Joseph S. Nye Jr., *The Future of Power*, pp. 22–23, 2011.

（11）内閣府「自衛隊・防衛問題に関する世論調査」、二〇一五年一月調査。

(12) 例えば、二〇一六年八月上旬に、尖閣周辺に数百隻の中国漁船が殺到した際、国内メディアの多くが、中国脅威論の一環として報道したが、実際は、資源保護のために六月一日〜八月一日のあいだに禁漁になっていた北緯二六度三〇分以南の海域(日中漁業協定対象外海域)に、解禁日以降、中国漁船が殺到し、それらに対する監視や予期せぬ事態への予防措置のために、多くの中国公船が付随してきたのが現実ではないだろうか。これまで、中国側が自粛していた操業を、日本側が海上法執行権を行使して中国漁船を拿捕し、さらに国有化宣言したことにより、自粛しなくなったため、漁船が操業するようになったのだろう。勿論、尖閣諸島は日本の固有の領土で、領海侵犯を容認することはできないが、単純に「中国脅威論」に収斂させるのではなく、政権闘争や愛国心鼓舞、経済的理由等の中国国内要因という側面も冷静に理解し、事態をエスカレートさせるべきではない。

(13) 和辻哲郎『風土─人間学的考察─』岩波書店、一九六三年、一六六ページ。

(14) 猪木武徳・小松和彦・白幡洋三郎・瀧井一博編『新・日本学誕生─国際日本文化研究センターの二五年─』角川学芸出版、二〇一二年、二六ページ。

第4章 地方経済のグローバル化にみるアベノミクスと経済再生

藤坂浩司

1 アベノミクスは成果をあげたか

1 アベノミクスの成果と停滞

二〇一二年一一月、第二次安倍晋三政権が誕生した。就任早々、安倍首相はデフレ経済を克服する経済政策「アベノミクス」を発表した。政策は主に「大胆な金融政策」、「機動的な財政政策」、そして「民間企業の投資による成長戦略」の三本柱から構成され、〝三本の矢〟という表現が使われることになった。

日本政府はアベノミクスの各種政策により、消費者物価指数二パーセントの実現というインフレターゲットを設定し、デフレ脱却を目指した。そこでのシナリオは、為替の流れを円安に変えることで、輸出産業を中心に生産性を引き上げ、企業収益の向上を目指す。そして、企業は儲かった利益を設備投資に振り向け、さらなる生産性、売り上げを拡大し、その結果、雇用拡大と従業員の賃金上昇を通じて景気の上昇とデフレ脱却を目指すというものであった。

経済界は民主党から自民党への政権移行を評価し、日経平均株価は安倍政権成立直後から上昇し、首相就任からの一年間で平均株価は六〇パーセント以上も値上がりした。為替に関しても、一時七〇円台にまで進行した円高が円安に大きく転換した。政府の思惑どおりに、企業収益は大企業を中心に大幅に改善された。こうしてみると、アベノミクスは好調に進んだようだが、肝心のデフレ改善は一向に進まない状況が続いている。

日本銀行のデータ[1]によれば、全産業・全業種（金融・保険業を除く）ベースでみた企業収益と設備投資の関係は、二〇〇八年に起きたリーマンショック以降、そのギャップに大きな変化がみられる。二〇〇八年以前、企業の経常利益と設備投資はリンケージする動き方をみせていたが、リーマンショック以降は経常利益が回復し、その後増え続けているのに対して、設備投資は低調のままである。

その短期的理由としては、企業が為替の動向について読み切れず、設備投資に踏み切れないことや、中国経済の減速と資源国経済の低迷から海外の設備投資が落ち込んでいることが指摘できる。一方、長期的理由としては、生産拠点の海外シフトが進んでいることで、日本からの輸出品（工業製品）自体が減少を続けていることが指摘できる。多くの企業は稼いだ収益を社内留保し、設備投資に振り向けず、人件費にも十分に回していない。研究費や関連企業への投資は見られるものの総じていえば企業は日本経済の先行きに慎重になっている面がうかがえる。

こうしたなか、日本銀行は二〇一六年一月に日銀当座預金におけるマイナス金利導入を決定した。これを機に、長期金利が一段と低下している。住宅ローン金利は過去最低水準にまで引き下がったが、企業への融資は思うように伸びていない。一方、政府は二〇一六年六月、足元の景気情勢を眺めて、二〇一七年四月に予定していた増税時期を二〇一九年一〇月に再延期した。予定どおり増税を実施すれば、景気は大きく後退すると判断したためである。二〇一六年九月時点で政府が決定した消費者物価指数二パーセントの達成は実現されておらず、日本経済は大きな局面を迎えている。

2　人口減少と人口移動のインパクト

景気の足踏み状態が続くなか、今後の日本経済、そして地方経済を再生する処方箋はどこにあるのだろうか。そのカギを握るのが「人口」である。国力を測るデータには、様々な統計や指標が用いられるが、我が国の現状と将来展望を占ううえで、最も注目しなければならないものの一つが「人口統計」であろう。「数は力」という表現のとおりに、国民の数がその国の政治、経済、社会を形づくるうえですべての基礎になる。また、単純に人口だけではなく、人口構造の年齢構成がどうなっているのか、今後の人口推移がどうなっていくのか、あるいは人口推移とともに年齢構成がどう変化していくのかといった要素は、政治、経済、社会のすべてに影響を及ぼすものである。

現在、我が国の人口は確実に減少している。少子高齢化という言葉どおり、死亡者よりも出生者の方が少ない状態が恒常化しており、この状況は国力という点で衰退局面を迎えている。総務省が二〇一六年七月一三日に発表した住民基本台帳によれば、我が国の人口（日本国内に住む日本人）は一億二五八九万一七四二人で、七年連続して減少し続けている。二〇一五年との対比でみると、約二七万人減り、その減少数は一九六八年の統計調査以来、最大規模とみられる。この流れはいつまで続くのか。総務省の国勢調査などを基にした政府の試算(2)

によれば、今後、特段の対策を講じなければ、五〇年後の二〇六五年には日本の人口は八一三六万人にまで減少するシナリオができている。全人口に占める六五歳以上の人口の割合を示す「高齢化率」でみると、現在の二六・八パーセントは、二〇六五年には四〇・四パーセントにまで増加するという。実に、国民の五人に二人が高齢者になる計算である。そうした高齢者を支えていくのは勤労世代だが、生産年齢人口といわれる「一五歳以上、六五歳未満」の人々は、すでに一九九五年時点でピークを迎えており、製造業でもサービス業でも慢性的な人手不足が起きている。

この問題を複雑にしているのは、大都市と地方の人口問題の二極化である。総務省の七月の調査でも明らかなように、日本全体の人口は減少が続いているのに対して、首都圏を中心に人口が流入し続けていることだ。今回の調査では、全国四八都道府県中、東京、神奈川、埼玉、千葉、愛知、沖縄の六都県で人口が増えている。都市部に人口が集中している実態が浮かびあがる。都市部に人が集まる傾向は年々強まっている。都会には働く場所や商業施設が多く、交通環境が整い、住環境の改善も続く。筆者が暮らす埼玉県でも、勤労世代を中心に人口流入が続いており、都心部に近い県南部や県中心地のさいたま市では、貸家や分譲住宅の新設住宅着工戸数が伸びている。

3　地方再生と企業の活性化を融合させる取り組み

我が国の人口が減少を続けている一方、特定地域に人口が密集することは、日本経済全体の発展から考えれば明らかにマイナスである。日本経済を持続、安定的に成長させるためには、地方と大都市圏双方の活性化が不可欠といえる。その実現のためには、魅力ある街づくりや子育て支援の充実など多岐にわたる課題があげられるが、直接的で即効的な効果があるのは企業誘致である。地域外からの企業誘致やベンチャー企業の創生や育成を通じて、地元の雇用を拡大させて、地域の所得を増加させる政策が肝要である。それが様々なサービス業などの需要を増やしていく。地元に勤め先が増えれば、一定割合で学生は地元に就職する。地方には優秀な学生が数多く、そうした人材が地方の担い手になれば、地方創生は可能だ。その意味で、地域性を配慮し、また規制緩和などを通じて新しい産業の創出が求められる。

これまでも多くの地方自治体が工業団地を造成し、税制優遇措置などを通じて、企業誘致を図ってきたが、それらのいずれでも似たような政策が多く、パイの奪い合いになっている。例えば、視点を変えて、海外企業や海外の研究機関などを誘致するなど、国際色を増やすことも必要だ。多くの自治体が海外の自治体と姉妹都市を結んでいる。土地の気候や地域性が似ているなど何らかの関連性を基に親善交流を図るケースが多くみられるが、経済でもより踏み込んだ政策を発揮するべきであろう。

新産業創出のモデルケースとみられるのが〝ポスト自動車産業〟であろう。戦後の日本経済を長年にわたって支えてきたのは周知のとおり自動車産業である。自動車産業は経済発展の象徴であり、現在も自動車産業を軸に発展している地域は国内に数多い。しかし、テクノロジーの進化で、自動車は内燃機関から電気自動車やガソリンエンジンと電気モーターの両方を使うハイブリッド車、あるいは水と酸素だけで走る水素自動車など次々と新技術、新製品が登場している。米国のIT企業グーグル（Google）は、ハンドル、アクセル、ブレーキのない自動走行車両のプロトタイプを二〇一四年五月に発表し、二〇一五年六月以降カリフォルニア州などで自動運転車の公道テストを繰り返し実施している。新たな技術革新によって、従来型の自動車産業はピークアウトしたと考えるべきだ。日本政府もそうした潮流を十分認識しており、自動車に代わる次世代産業の模索が続いている。航空・宇宙や医療、ロボットなど、様々な業種が取り沙汰されている。

同様の観点から航空産業をみると、三菱航空機の国産ジェット旅客機MRJ（Mitsubishi Regional Jet）が初飛行に成功している(3)。また、日本が世界の最先端を走るロボットではITとの融合により、慢性的な人材不足の現場にロボットを投入することで、現場の活性化を促すことができる。介護支援や農業の高度化などがあげられる。少子高齢化が進む日本や人口減少に悩む地方経済と最先端のテクノロジーを組み合わせることで、日本経済の再生は十分に可能と考えられる。

最近の地方再生の動きとして、もう一つ注目すべきは、農産物や水産物、工芸品などの地元特産品を海外に輸出するケースが急増していることだ。政府の補助金政策も功を奏しているが、生産者と海外バイヤーが国内外で接触することで、日本各地で新たなビジネスが生まれている。また、こうした流れを支援するためのサポーター企業も多数登場している。筆者の知り合いの中小のPR企業も、最近、地方再生を新事業として見据え、本格的な活動に乗り出している。

2 経済のグローバル化が地方企業に及ぼす影響

1　企業の海外進出ニーズの高まり

我が国の人口減少が進むことで、経済のグローバル化が進展している。一見、関係があまりないようにも思われるが、現実的には深く連動している。人口が減少すれば市場は確実に縮小し、労働人口も減ってしまう。企業が継続的な成長を目指すうえで海外進出は、経営の選択肢の一つになっているからである。特に国内市場の縮小がボディブローのように効いてくる業種は危機的だ。最も顕著な事例の一つが食品産業である。人間は生きていくうえで必ず食べ物を摂取するため、食品は景気の波にあまり左右されない業種といわれてきた。ところが、少子高齢化で国内市場は完全な頭打ち状態になっている。多くのナショナルブランドメーカーが海外市場を目指している。例えば大手酒類メーカー三社（サントリー、アサヒ、キリン）は世界各地で現地企業の買収合戦を繰り広げ、菓子メーカー各社は経済成長が続く東南アジア各地に工場建設や現地販売拠点開設の動きをみせている。

一方、経済のグローバル化の進展は、地方企業にも大きな影響を与えている。地方企業の場合、その多くが中小企業である。そこで主に、そうした規模の企業で製造業のケースを念頭に考察してみたい。

二〇一五年秋、群馬県のある有力な商工会議所を訪問したときに、商工会議所の事務局から、会議所の会員による海外進出の相談が近年急増し困っているとの悩みを打ち明けられた。商工会議所の活動は、基本的に「地域の企業の発展を支援する」ことであり、その内容は経営相談や人材教育、販路支援など多岐に及ぶが、いずれも会員が地元で活動することを前提にしている。ところが、会員から寄せられる相談の多くは、「海外に生産拠点を作りたいが、どこに進出したら良いのか教えて欲しい」、「進出先は決めたが、進出に際しての相手の国の法律や手続きが分からない、誰に相談すれば良いのか教えて欲しい」と、およそ地方の商工会議所では手に余る内容である。

商工会議所の対応が十分でないなか、それでも海外進出を目指す企業は後を絶たない。周知のとおり、群馬県は日本有数の製造業集積地である。富士重工（二〇一七年に社名をＳＵＢＡＲＵに変更）を中核とする自動車産業、三洋電機東京製作所から引き継いだパナソニック・アプライアンス社が手掛ける空調機器や冷蔵機器などのエレクトロニクス製品、ＪＲ両毛線沿線一帯には一般機械産業や精密機械産業、金属産業などが数多く立地している。群馬県でも戦後、早くから商品の海外輸出は行われてきたが、その多くが最終製品などで、中間財や部品を製造する中小企業が海外と直接取引したり、海外進出したりするケースは従来それほど多くなかった。ところが現在では、経済のグローバル化が進むことで、取引先の要請で海外に一緒についていかなければならない事例や、取引先自体や取引先が扱っていた商品の一部がコストや市場の関係で、日本国内から海外に生産拠点を移し、その結果、ある日突然、中小企業の仕事がなくなるケースが頻発している。地方の中小企業としては、継続的な経営を行っていくために様々な対策を講じるが、その一つが上記のような自ら海外に飛び出していく動きとなるのである。

群馬県のケースは特例ではなく、こうした事例は、日本各地で起きている。そして、商工会議所のみならず、地方銀行もまた、この流れに追いついていないことが多い。二〇一三年から二〇一五年のあいだ、筆者は中小製造業の海外進出支援をする仕事をしていた。その関係で、全国各地の地方銀行や信用金庫にヒヤリングに訪れた。訪問した金融機関数は四〇以上に及んだが、ほぼすべての金融機関で地元企業の海外進出対応で困っていた。地方銀行はその名前のとおり、地元経済の成長、発展を支援するための金融機関としての役割をもつ。そのため、地域内に細かなネットワークを張り、地域住民や企業、行政に対して、様々なサービスを提供している。しかし近年、海外進出を目指す企業や海外市場で商品の販売を希望する企業が増加し、企業はメーンバンクである金融機関にそうした相談を当然のごとく行う。顧客である企業のベクトルはグローバル化しているのに対して、金融機関はリージョナル対応から脱しきれていない。両者には大きな志向性の隔たりが発生しており、大げさにいえば金融機関よりも中小企業経営者の方が遥かに海外事情を知っている。現在、海外に拠点をもつ地方銀行は少数で、ほぼ皆無といって過言ではない。そのため、各銀行とも、外部の専門企業とアライアンスを組んだり、日本貿易振興機構（ＪＥＴＲＯ）に相談したりするが、取引先企業の進出先が多様化、拡散しており十分に対応しきれていないのが実情である。

2　多様化する進出地域

少し前には、中国を〝世界の工場〟と称して、中国に進出しない企業は負け組といわんばかりにマスコミが煽ったのは記憶に新しい。その結果、あらゆる業種の企業が、中国に現地進出した。しかし、二〇一〇年に当時の石原慎太郎東京都知事が尖閣諸島の国有化に言及した発言に端を発して、その後、中国各地で起きた反日暴動で日系企業の中国熱は一気に萎んでしまった。また、中国自身も二〇一四年頃から経済が急速に悪化しており、日本企業のベクトルは「チャイナプラスワン」といわれるように、新規進出の対象国として中国以外の国を選定する動きや、すでに中国国内にある拠点を別の国に移す第三国展開にシフトしている。東南アジアでいえば、タイはすでに数多くの日系企業が進出済みで、もはや進出用地の確保が困難である。そのため今後、地方企業の進出が増えるのは、向こう五年程度の期間でみれば、インドネシア、ベトナム、ミャンマー、マレーシア、フィリピンが有望とみられる。長期的視野に立てば、近く世界最大の人口国になるインド市場が有望であることは間違いない。

もちろん、どこの国、地域に進出するかは、その企業が行う事業内容や取引先の事業内容で全く異なる。例えばトヨタ自動車を筆頭に自動車産業が集積する愛知、岐阜、三重といった中京地区では、多くの地方企業のあいだでメキシコやブラジルを目指す動きが活発化している。トヨタの世界戦略に基づいて、協力企業への直接、間接的な要請がでているためだ。隣接する静岡県は西部地区にスズキ、ヤマハが拠点を構えているが、ここの地元企業の進出ターゲットは主にインドである。その他、中小企業の米国進出の動きも活発化している。

3　グローバル化の可能性とコスト

経済がグローバル化するなかで、日本の地方企業がどのような影響を受け、どのように対応しているのか簡単にまとめたい。そこには可能性の拡大とともに不可避のコストもある。これらのうちまず拡大する可能性については、主に「自社の商品やサービスを提供する潜在的な市場が広がる」、「海外生産、進出により生産コストを引き下げることが可能になる」ことが指摘できる。この二つは連動している場合が多い。これに加えて、今後の増加が見込まれるのが外国人労働者の採用である。地方の中小企業でも、外国人の社員を採用するケースが増えている。採用した社員で優秀な人材がいれば、その社員を幹部候補にして、出身国に工場を立ち上げる。その社員を現地子会社の社長や工場長に抜擢し、地元の若者を採用するという好循環が期待できる。筆者の知人の中堅企業でも、数年前にインドネシア人の採用を行い、それを契機に近くインドネシアへ進出する。

一方、不可避のコストについて取り上げると、目にみえて表れやすい一番大きな問題は「競争相手が増える」ことである。海外に出ていくということは、他流試合をするということに他ならない。日本の製品や技術が圧倒的に強かったという時代は過去の話で、今や日本企業と同等、あるいはそれ以上の技術や生産力をもつ企業は無数にある。やむをえず海外に進出したり、海外と取引したりするにしても、自社の商品が模倣され、後にコピー品が出回るのは不可避と考えねばならない。そうした環境下でライバル企業と競争を繰り広げる覚悟が求められる。また、地方の中小企業のグローバル化を後押ししている背景に、「インターネットの影響」と「経営者の学歴」を指摘したい。インターネットの急速な発達、普及により、それまでなかった海外取引が生まれている。例えば、展示会に出展した地方企業に後日、展示会に訪問し、その会社のブースを訪れた海外のバイヤーから直接、注文が来るケースが増えている。そのため、英語版のホームページを用意したり、英語ができる社員を採用したりする動きも広がっている。

さらに、企業のグローバル化の長期的展望において極めて重要と考えられるのが経営者の学歴である。先代から経営を引き継ぐ若手経営者には、海外留学している経営者が多い。初代、二代目が自身で会社を立ち上げ、苦労して事業を成功させる。そうした経営者のなかには、息子や娘に海外留学させるケースが多い。子供の代には時代が変化し、海外取引が活発化するということが念頭にあるためや、単に箔をつけるためのケースもある。いずれにしても、数年間でも海外留学すれば、経験者はその後の人生感や経営に対する考え方、事業戦略で、海外は特別なものでなくなる。自身も英語ができるため、海外市場は敷居が低く、積極的な海外進出へとつながっていく。地方経済と日本経済、そして世界経済は、今や一体的な動きをみせる時代に突入したといえよう。

【注】

（1）調査統計局加藤直也・川本卓司「企業収益と設備投資―企業はなぜ設備投資に慎重なのか?―」日本銀行『日銀レビュー』（二〇一六-J-四）、二〇一六年四月。
（2）財務省「経済社会の構造変化―若者―」二〇一五年八月。
（3）「日刊工業新聞」二〇一六年六月一日付。

第5章 バイオマス政策にみる日本の社会的変化対応メカニズムの課題

泊 みゆき

1 バイオマス政策評価にみる失敗

1 政策評価の重要性

バイオマス（生物資源）は、日本でも世界でも最も多く利用されている再生可能エネルギーである。薪炭材、木くず、紙ごみ、有機系一般廃棄物、下水汚泥、畜産廃棄物、農業残さ、エネルギー作物等の様々な種類のものを、熱利用、電力、ガス、輸送用燃料等の多岐にわたる用途に利用する。太陽光や風力に比べ認知度や理解度は格段に低いと同時に、適切な利用には、農林水産業、廃棄物、環境規制、個別のエネルギー利用といった複合的な事象を最適化する必要がある。

日本の縦割りの行政区分では、このバイオマスは、農水省、林野庁、総務省、経産省、国土交通省、環境省、内閣府の管轄にまたがる。そのため、二〇〇二年に「バイオマス・ニッポン総合戦略」が策定され、これら省庁の調整の下で政策の実施が期待されたが、結局、十分な調整が行われたとは言い難い。

例えば、二〇一一年に総務省が発表した「バイオマスの利活用に関する政策評価」において、「二〇〇三年以来、国は一三〇〇億円以上をかけてバイオマス政策を行ったが、その八割の事業では全く効果がみられなかった。残り二割でも、期待したほどの効果はみられなかった」と結論付けられるという惨憺たるものだった。(1) この評価報告書からは、同じ省庁の異なった部局が、同様の事業を実施した例や、例えば廃食油からバイオディーゼルをつくる事業を、経済産業省、国土交通省、環境省がばらばらに実施したことなどが読み取れる。

バイオマスなど再生可能エネルギー事業を自立させることにはある程度の困難がともなうもので、諸外国でも失敗事例は多い。だが、日本においてこれほどまでに失敗が重なった背景には、政策の事後評価が十分でなく、さらに評価結果を次の政策に反映させる仕組みがなかったことが問題と考えられる。その後、二〇〇九年の政権交代などを経て、この点については一定の改善がみられるようになった。

2　専門家が育たない行政機構

これに加えて、中央官庁、地方自治体で職員が数年で異動することも、バイオマス事業の成功を阻んでいる。バイオマスはどの省庁においても特殊な分野であり、異動前に職員が内容に精通していることは極めて稀である。そのため、失敗の経験が蓄積されず、新たな担当者が前任者と同様の試行錯誤を繰り返す事態が相次いだ。

前述の総務省が行ったバイオマスの政策評価に関していうと、これはたまたま一〇年近く農水省の政策を担当していた職員が、多額のバイオマス関連予算が配分されているにもかかわらず、成果が上がっていないことに気づいたために実施されたものである。また、筆者が先般視察したヨーロッパでは、固体バイオマスの持続可能性基準の担当者が一〇年来バイオマスの業務に携わっていた。このように、一定期間継続して担当することでよりスムーズな問題解決につなげることが可能になる。

日本において数年で担当者が異動する主な理由としては、関係者との癒着や不正を防止することがあるが、社会が複雑化し、政策に専門性が求められるようになっている現代において、バイオマスに限らず、こうした制度は弊害が大きいと考えられる。

3　研究者の声が反映されないエネルギー買取制度

最近も、再生可能エネルギー固定価格買取制度（ＦＩＴ）に関して大きな混乱が生じている。二〇一二年に同制度が開始されて以来、再生可能エネルギー利用は、制度運用の開始以前には想像できなかったほど大幅に急増した。ただし、この制度は重大な欠陥を抱えおり、改良が重ねられてきたものの、バイオマスにおいても大きな課題がいまだ存在している。その原因の一つは、十分な知見に欠けたまま制度設計を行ったことにあろう。ドイツやオーストリアなど、すでにＦＩＴ制度を導入したヨーロッパ各国の経験や失敗も含めた教訓はほとんど生かされなかったうえ、バイオマス発電の主要な燃料となる林業関係者や研究者らの関与はほぼ皆無のまま、制度設計が行われたのである。太陽光発電の電力買取価格が高すぎ、事業者が過大な利益を得る一方で、標準的な家庭では二〇一六年に月額六七五円の賦課金を負担している。これはさらに毎年上昇すると予測されている。制度設計をより適切に行っていれば、より低い負担で再生可能エネルギーの拡大を図ることが可能であったであろう。

バイオマス発電においても、主に輸入バイオマスを燃料とする一般木質バイオマス発電の認定容量が、三〇〇万キロワットに上っている。三〇〇〇万キロワットのバイオマス発電では、単純計算で六〇〇〇万立方メートルの木材を必要とするが、これは現在の日本の木材生産量の二倍以上に相当する。あるいは、世界で生産されている燃料用木質ペレットのほぼ全量に匹敵する。当然のごとく購入価格に制約があるバイオマス発電向けに、こうした量の燃料を調達することは実質的に不可能と考えられる。輸入バイオマスはエネルギーの自給にはならず、地域への経済効果も少ない。しかも、バイオマス燃料の生産、加工、輸送には化石燃料が使われており、ケースによっては温暖化対策としての効果がほとんどない場合もある。短期間での大量の木質資源の新たな需要創出は、海外の森林や社会に大きな負のインパクトをもたらすリスクがある。さらに、食用パーム油も「一般木質バイオマス発電」の燃料として認められているが、パーム油を生産するためのアブラヤシ農園開発は、ボルネオ、スマトラ島などの貴重な熱帯林破壊の主要因であり、数千件を超える土地をめぐる紛争が発生し、児童労働、強制労働など深刻な労働問題を引き起こすなど、持続可能性に関する問題を多く抱えている農産物である。さらに、持続可能なパーム油に関する円卓会議（RSPO）による委託調査によると、パーム油の二酸化炭素排出係数は、石炭よりも高い。しかも、現状ではトレーサビリティや持続可能性基準に関する規定もなく、食用パーム油が燃料として認めら

れているのは、重大な問題だと考えられる。(2)

日本のバイオマス発電では、諸外国で常識化している発電規模別の電力買取価格にはなっておらず、大規模な事業ほど利益が大きくなるという制度的欠陥が生じている。(3)こうした事態が発生することを木質バイオマスの専門家らは当初から予見しており、(4)制度開始後、問題が顕在化した。資源エネルギー庁新エネルギー課がＦＩＴの運営を担当しているが、現在のバイオマス発電担当者も林業の専門知識がなかったうえに、頻繁に異動していることが、迅速な問題解決を阻んだことは否めない。短期的には森林総合研究所や都道府県林務部職員など、林業に精通したスタッフを配置するといった方策が考えられるが、新たな、かつ複合的な問題解決のためには知見の蓄積と継承が担保される組織体制が必要であろう。

2　日本林業の課題

1　国産材の供給の乏しさ

ＦＩＴの木質バイオマス発電では、国内に膨大にある切り捨て間伐材、林地残材等の未利用材の利用が期待された。ところが、実際には認定されたバイオマス発電所の八割では輸入バイオマスを利用することが見込まれている。このような状況になった背景には、FIT制度の欠陥に加えて、林業への理解不足があったと考えられる。

林業がどのような状況なのかは、一般にあまり知られていない。その理由には、林業についてのマスメディアの報道が少なく、最近少しずつ増えているが、一般人向けの書籍もあまりなかったことが挙げられよう(5)。例えば、日本のカロリーベースの食料自給率が四〇パーセント程度ということは広く知られている。毎年の食料自給率をマスメディアが報道するからである。だが、木材自給率が二〇一四年に三〇パーセント台に回復したことは、一般紙やテレビのニュースでは取り上げられないため、関係者にしか知られていない。

木材生産額は二〇〇〇億円程度で日本のGDPの〇・〇四パーセントにすぎず、林業労働者は約五万人、日本の就業者人口の〇・一パーセントである。したがって、林業の日本経済における数字上の存在感は乏しい。しかし、日本の国土の三分の二が森林であり、水源や災害防止、生態系保全など、森林の適切な利用如何が国民生活に及ぼす影響は大きい。

日本の国土の六七パーセントが森林で、そのうちの約四割が人工林である。年間の森林成長量は一億立方メートルに上る。だが、二〇一四年度の木材生産量は、二四〇〇万立方メートルであり、二〇〇〇万立方メートルのいわゆる切り捨て間伐材がある。一方、国内の消費量は七二〇〇万立方メートルであり、木材の自給率は三割である。

2　林業不活性化の要因とバイオマス発電への影響

なぜ、このように資源量に対して国産材の供給量が少ないのか。第二次世界大戦中・戦後に過剰に木材が伐採されたため、各地に広がったはげ山には大々的に「戦後の拡大造林」が行われた。それから五〇〜七〇年が経過し人工林は成熟し、伐採期を迎えた。しかし、「育てる林業」では収穫の利益よりも育林の費用の方が大きかったため、補助金に頼る状態が長く続き、しだいに林業は公共事業化していった。産業として不可欠な、世の中の変化への対応や技術革新で後れをとった結果、林業分野においてはマーケティングや事業性の欠如が広くみられたのである。

そのうえ、円高や木材自由化により材価が下がったことで、多くの森林所有者は林業への意欲をなくし、植林したまま手入れがされていない人工林も多い。放置されているうちに所有者や境界があいまいになることも珍しくなく、林地の地籍調査進捗率は四四パーセントと、その半分以上の所有権が不確定である。また、近代林業に必要な林道や作業道整備もヨーロッパ諸国に比べて遅れている。林野庁や林業関係者により作業道整備や高性能林業機械の導入

図5－1　バイオマスの賦存量と利用量

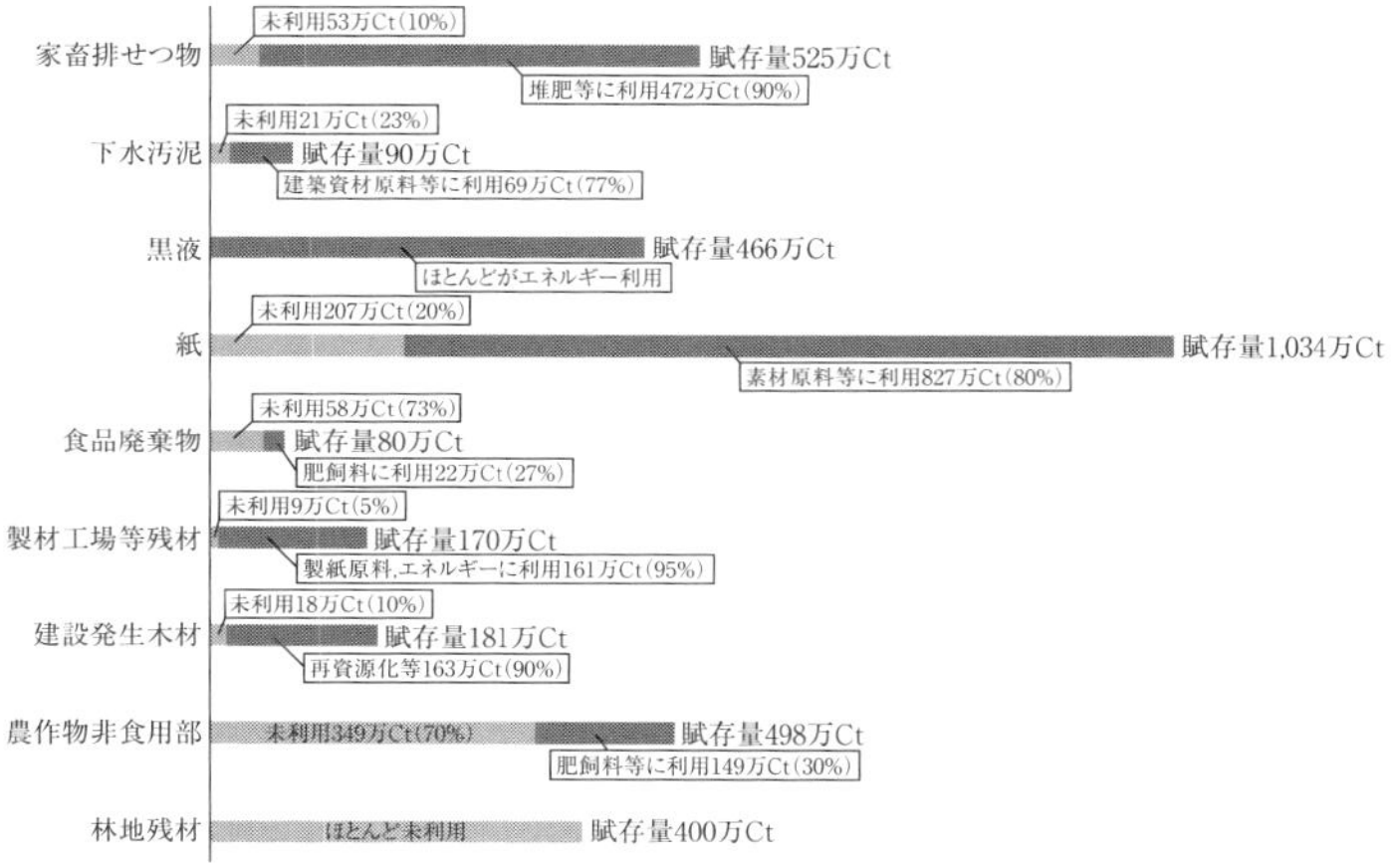

（注）　Ct: 炭素トン。
（出所）　農林水産省第4回バイオマス活用推進会議（2012年）資料1－1, 7ページ。

など改革が図られているが、まだまだ課題は多い。

日本のバイオマス資源のうち、最も未利用の賦存量が多いのが切り捨て間伐材などの林地残材である（図5－1）。およそ二〇〇〇万立方メートル（炭素量換算で四〇〇万トン）と、木材生産量に匹敵する量が山で放置されている。木質バイオマス発電でこの資源の利用を図る地域も出ているが、利用されなかったのには相応の理由がある。

端的には、切り捨て間伐材を搬出するコストが材価より高いからである。間伐材の平均伐出コスト一万一〇〇〇円／立方メートルに対し、以前は二〇〇〇～四

○○○円程度でしか売れなかった。二〇一二年から始まった「森林・林業再生プラン」政策により間伐材利用を促進し、補助金をつけて搬出を促している。ただし、一定の要件を満たした「森林経営計画」を策定しないと、間伐補助金は出ない。だが、森林経営計画策定率は二〇一四年度末で全民有林の二八パーセントにとどまっている。

バイオマス発電や熱利用により、間伐材などの材価は上がってきたが、それでも四五〇〇～六〇〇〇円／立方メートル程度であり、林道に近いなど、条件のよい限られた間伐材しか搬出できていない。

まっすぐな間伐材でも搬出コストに見合わないのだから、タンコロ（根元）や枝条は直材よりもさらに搬出コストがかかる。また、そうした部分は切削チップにしにくいため、木質バイオマス発電所でもあまり使われていない。破砕チップにならできるが、高い発電効率のバイオマス発電所には高品質の切削チップが要求されることが多い。「林地残材」や「未利用材」は使えない・使いづらい、ために、結果、使われてこなかったのである。

木材は、おおまかに建材用のA材、合板用のB材、製紙パルプ用のC材、バイオマス燃料用のD材に分けられるが、一番安価なD材のために林業労働者を増やしたり、林業機械を導入したりすることは事業性の面から困難である。バランスのとれた木材利用を進める必要があるが、日本の人口減少にともない、住宅向け等の木材需要は右肩下がりになると予測されている。輸出や新たな用途開発などによってA材、B材の需要を増やすべきだが、時間がかかる点に難点がある。

3 諸外国の林業における起業家精神は日本に根付くか

ドイツやオーストリアなどでは、日本と同様に人件費が高く、急峻な地形もあるが、これらの国の林業は産業として競争力をもち、人工林の成長量の八割程度を利用し、木質バイオマス利用も盛んである。

両国の木質バイオマス利用の現場を実際に歩くと、それを支える林業自体が産業となっており、山村に起業家精神が息づいている点が日本と大きな差になっているように思われる。日本でもインフラ整備や人材育成を行いながら、産業としての力をつけていく必要がある。どうしたら売れるのか、儲かるのか、事業として展開できるのか、といったことを考え、創意工夫を重ねていくという当たり前の努力こそが、林業や木質バイオマスに最も必要なことのように思われる。

行うべき改革は多いが、二十数年前のオーストリア林業も、日本林業のように停滞した状態にあったが、改革が行われ、現在は変わったとのことである。世界的にみても豊かな生態系と豊富な森林資源をもつ日本において、林業を活性化させることは決して夢ではないと思われる。

日本でも一九六〇年代に林業労働者は三〇万人を超えていた。ドイツでは現在でも、林業・林産業が自動車産業以上の被雇用者を抱える大きな産業の一つである。日本の豊富な森林資源は、内装材や家具などに付加価値化したうえで近隣諸国への輸出も有望である。これまで未開拓であっただけに、実は他産業からの参入がしやすいといってよい状況もある。

例えば、『通販生活』を発行している通信販売会社のカタログハウスは、茨城県に自社の木質ペレット工場を建設し、原木を林家等から買い付け、ペレットストーブを購入した顧客向けに木質ペレットを販売し始めた。近隣の林家に定額での間伐材の買い取りを呼び掛けたところ、搬入されるようになった。やがて、その林家から「ペレット工場まで運ぶ人手が足りないので、林道わきにある間伐材を取りに来てほしい」という要望があり、同社が運搬を行うようになった。その後、「間伐など森林管理も頼めないか」と要望され、森林管理班をつくり、これに応じるようになった。このようにして同社では木質ペレット事業に参入して三年目で、現在二五名の社員が林道づくり、伐採、搬出、ペレット製造、販売、配送、ペレットストーブ設置、メンテナンス、有償イベント、木製品製造、ボイラー販売等に従事している。

こうした他産業からの参入も、林業の活性化に有効であろう。ただし、そのためには林野庁だけでなく、経済産業省、農林水産省、国土交通省、総務省など関係省庁が連携して問題解決にあたる体制をいっそう強化していく必要があろう。

4 熱利用に関する包括的政策の欠如

包括的な政策策定の欠如は、例えば熱政策にもみられる。日本では、エネルギーの専門家のあいだでさえ、エネルギー=電力、という見方が主流である。だが、最終エネルギー消費において電力は四分の一程度であり、半分は空調、給湯、調理、工場等での熱利用である（図5－2参照）。

現在の日本のエネルギー政策では、資源エネルギー庁でも燃料、電力・ガスといった区分になっており、排熱を含む「熱政策」を総合的に行う部署は存在しない。そもそも、発電所では燃料のエネルギーのせいぜい半分程度しか電力に転換できない。熱電併給（コジェネレー

図5−2　最終エネルギー消費構成

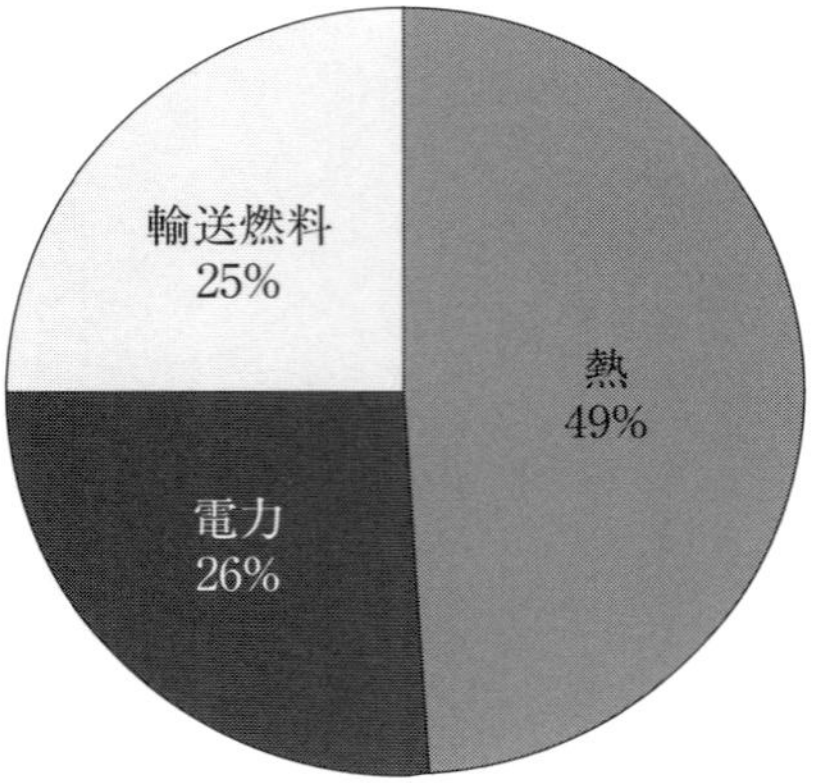

（出所）　第19回九州森林フォーラム in 福岡（2014年）梶山恵司「木質バイオマスのチャンスと課題」36ページ。

ション）を行えば、省エネ、温暖対策として非常に有効だが、日本はこの分野で非常に遅れている。

熱は長距離の運搬や長時間の貯蔵が困難で、需要がある場所の近くで生産される必要がある。そのため、まとまった熱需要の規模に合ったコジェネレーションシステムを導入することが合理的である。日本では個別の省エネ技術は進んでいるが、こうした横断的な社会システムに関わる対策ではヨーロッパ諸国に後れをとっている。

また、屋根に設置する太陽熱温水器などの太陽熱利用は、日本ではオイルショック時に普及したが、世界の趨勢とは逆に減少傾向にある。太陽光発電よりも利用効率が高く経済性にも優れているにもかかわらず、日本では知名度が低く、政策的な後押しもほとんどない。

行政の縦割りだけが理由ではないが、利用効率や費用対効果といった原則に基づき、既存組織を一定期間で見直すメカニズムの導入が必要ではないかと考えられる。

5 少子化をめぐる課題

1 少子化と「地方消滅」の危機

次に、日本の課題の事例として、少子化と地方消滅について取り上げる。

少子化がもたらす影響は、数十年前からかなり明確になっている。二〇世紀の一〇〇年で三倍になった日本人口は、二一世紀の一〇〇年で三分の一になろうとしている（図5－3）。現在、急速な社会的変動が生じつつあり、大胆な政策的対応が必要とされている。

その一つの問題は、元総務大臣の増田寛也らが指摘した「地方消滅」である。二〇四〇年に地方自治体の半数は消滅の危機に直面するとして、関係者に大きな衝撃を与えた。この指摘にはさらに反論がなされ、議論が沸騰しているところだが、実際に地方に行くと高齢化、少子化、人口減少をひしひしと感じる。小学校、中学校は統廃合され、ほとんどの山村の自治体は人口減少が止まらない。

少子化に対しても長年、多額の予算が配分され、対策が講じられているはずだが、目にみ

図5-3　日本の人口の長期的な推移

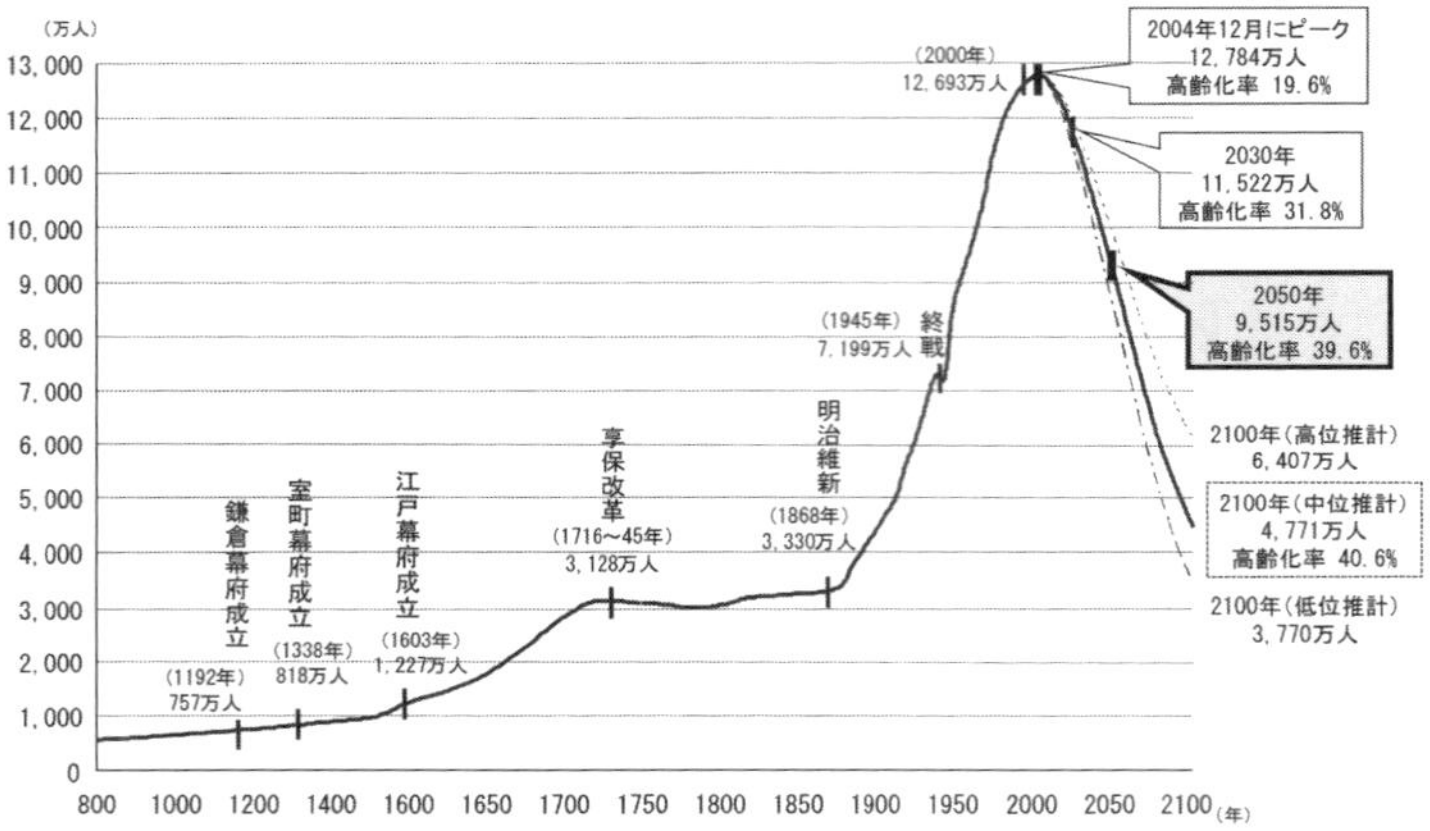

(出所)　国土交通省「国土の長期展望」中間とりまとめ，2011年。

えた効果が現れていないようである。

日本では婚外子の割合が極端に低く、三九歳の時点で約二割の女性が未婚であるため、八割の既婚女性のうちの一定割合の女性が、三人以上の子どもをもたなければ人口を維持することができない。子どもを産むのはほとんどが二〇歳代、三〇歳代の女性だが、地方において彼女たちの雇用は少なく、都市に出ると、今度は長い通勤時間、待機児童、教育費の高騰などにより、三人以上の子どもをもつのは困難になっている。また、故郷から離れると子育てなどで実家の支援を受けにくくなる。

やや古いデータだが、二〇〇七年の妻の就業形態別にみた子どもの数は、家族従業者が一番多く、続いて自営業・自由業、パートタイム・アルバイト、正規の職員・従業員、専業主婦、派遣・嘱託の順だった(6)。専業主婦で子どもの数が多くない点については、教育費との関係が窺われる。一方、正規の職員・従業員は経済的には安定するが、三人の子どもを育てながらフルタイムで働き続けるのは、実家の支援があるといった条件がないと難しい。

2 人口減少の環境へのインパクト

長期的な持続可能性の観点からは、化石燃料の輸入によって可能になった人口増加が、期せずして化石燃料の利用が下火になると考えられる二一世紀末に減少することは、むしろ望ましいとも思われる。温暖化をめぐる国際的議論では、摂氏二度以下の温暖化に抑えるため、先進国は温室効果ガス排出を八割削減しなければならない。日本国内の再生可能エネルギーのポテンシャルを積み上げても、一億二〇〇〇万人分のエネルギー需要を賄うことはかなり困難である。だが、三分の一の人口であれば、さほど無理せず、供給することが可能になる。

少子化自体が問題ではないとしても、急速な人口減少および高齢化社会に効果的に対処していく必要がある。直感的には、日本に特有の長時間労働、終身雇用を基本とする雇用形態、育児の社会化が十分でないこと、教育費の高騰などが少子化に大きく影響していると思われる。無論、これらの状況には地域差もあり、適切なデータとリサーチに基づいた政策が必要だと考えられる。

もう一つは、旧態依然とした制度を変える方法として、国会および地方議会において、クオータ制の導入が有効ではないかと考えられる。日本の場合、女性（あるいは一方の性別）の議員の割合だけでなく、世代（若年世代）にも配慮を設けることが適切かもしれない[7]。日本の国会議員において、女性の割合は一割程度でしかなく、人口比に対し明らかにバランスを欠いている。過少代表は、その集団にとって不利な政策形成や制度につながる。日本社会の構造的問題として、これまで以上に議論されることが望まれる。

6 課題解決に向けての提案

政府に限らず、人間は個人も組織も、長期的課題より短期的課題に目を向ける傾向がある。「持続可能な社会」が叫ばれながら、遅々として進まない状況の根本にも、それがある。

二〇一五年九月、国連本部において国連持続可能な開発サミットが開催され、一七の目標と一六九のターゲットからなる「持続可能な開発目標」（ＳＤＧｓ）が採択された。その一五年前、二〇〇〇年に採択された「ミレニアム開発目標」（ＭＤＧｓ）」では、妊婦の死亡率や感染症、極度の貧困、初等教育の男女格差の解消などの分野で大きな前進があったと思われる。

しかし、紛争の多発、持続可能な社会の未完、そして世界的に広がる経済的格差などは、対処療法で済む問題ではなく、構造やメカニズムを変えなければ解決が困難な問題である。

長期的課題に対処する一つの方策として変化を取り込み、スクラップ・アンド・ビルドを行うメカニズムを政府組織などに埋め込むことは、有効な手段ではないかと考える。

前述した行政の縦割りにより、横断的な問題への対処が適切にされにくいこと、行政の担当者が頻繁に異動すること、知見や失敗の経験が蓄積されにくいといった各種の問題についても、このメカニズムのなかで、改善への期待がもてると思われる。

【注】

（１）「バイオマスの利活用に関する政策評価」、http://www.soumu.go.jp/menu_news/s-news/39714.html

（２）詳細は、合同セミナー「バイオマス発電における食用パーム油の利用」資料等を参照のこ

と。 http://www.npobin.net/research/

（3） 二〇一六年一二月、経済産業省調達価格等算定委員会は、一般木質バイオマス発電に二万キロワット以上の新たな区分を設けることを決めた。

（4） 例えば、自然エネルギー財団「ＦＩＴ制度における木質系バイオマス発電に係る提言」二〇一二年四月、https://www.renewable-ei.org/activities/reports_20120423.php

（5） 一般向けに書かれた日本の林業の課題についての書籍としては、例えば田中淳夫『森林異変』平凡社新書、などが概観しやすい。

（6） 毎日新聞社人口問題調査会『超少子化時代の未来学』論創社、二〇〇七年、三三ページ。

（7） 例えば、三浦まり「女性議員増へ「クオータ制」導入を」、http://www.47news.jp/47gj/furusato/2014/08/post-1081.html

第6章　「島国日本」から世界へ　イノベーターを生み出すために

新海美保

1　世界のなかの日本

1　日本人が世界の課題に向き合うカギ

「夢は社会起業家になって世界の貧困をなくすことです」

数年前、雑誌の取材で「将来何になりたいか」と日本の大学生に聞いてみたときの答えである。留学や旅行、ボランティア活動など、若い世代が海外へ行くことが当たり前になりつつある時代、彼らが選ぶ行き先は、今や欧米に限らず、アジアや中東、アフリカ、中南米の新興国や開発途上の国や地域に広がっている。そして、彼らが好奇心とともに向かった先には、平和で安全・安心な日本とは異なる世界が存在する。シャワーの蛇口をひねってもお湯が出ない、道を歩けば路上で暮らす子どもたちが「金をくれ」と手を出してくる。スリや泥棒の被害は日常茶飯事、銃をもった警官に賄賂を要求されることもあるかもしれない。

言葉や文化の違いだけでなく、インフラが整わない不便な暮らしのなかで、ときには不条理な現実とともに生きる人々の存在に驚き、それが人間の思想や社会形成に大きな影響を与えていると気づく。戦後、多くの日本人が手に入れた自由で裕福な暮らしとは無縁の場所で生きる人が、世界にはまだまだたくさんいることを実感するだろう。

他方、途上国で様々な衝撃を受けた彼らは、最終的にはこういう。「言葉も肌の色も違うけれど、結局は同じ人間。むしろキラキラした純粋な笑顔をみて、本当の幸せについて考えるようになった」。貧しいながらも、家族や周囲と助け合って生きる異国の人の姿が、日本人が忘れかけている〝何か〟を思い起こさせてくれるのかもしれない。

私はこの〝開発途上〟の地で生きる人々と心が通ったときに得られる〝共感〟こそが、気の遠くなるような世界の難しい課題に日本人が向き合うカギになると思う。日本を客観的にみつめ、世界の過酷な現実に対して「何かしたい」と考える人が増えれば、少しは未来が変わるかもしれない。

2 島国「日本」と世界の接点

しかしながら、世界の課題に目を向け、それを解決しようと行動する学生はごく少数である。若者に限らず、日本人の多くは世界の深刻な課題に疎い。

四方を海に囲まれた島国の日本は、その地理的要因から長い〝単一〟の歴史をもつ。近代国家以前の日本人にとって、「世界」とは近隣の朝鮮半島や中国、仏教が生まれたインドや周辺の東南アジアのみを指していたようだ。邪馬台国、古墳時代、平安時代と国家づくりの時代を経て、戦国時代や江戸時代のころまでは、あくまでも単一の島国・日本という国のなかで生きてきたのだ。しかし明治維新以降、西洋文化が入り、国のあり方や生活様式、文化そのものが根本的に変化を求められた。欧米諸国の水準に追いつくために、富国強兵と殖産興業を目指して国民に国家や企業、共同体などへの従順を求める一方、欧米から法律や社会制度、科学技術の取り入れに奔走した。

第二次世界大戦後、世界では一九九一年にソビエト社会主義連邦が崩壊して冷戦が終結。東欧諸国が西側の価値観のなかに組み込まれ、資本主義の世界的台頭とともに、巨大な世界市場が誕生した。情報通信技術（ＩＣＴ）の革命的発達に伴い、情報が瞬時に世界を駆け巡り、急速なグローバリゼーションが促され、日本もまさに世界市場を巡っての大競争時代の渦中に入り込んできた。

3　九・一一の衝撃と「もう一つ」の世界

今から一五年以上前の二〇〇一年、筆者が大学生のときに米国同時多発テロ事件が起きた。ニューヨークの世界貿易センタービルとワシントンのペンタゴンを旅客機が直撃する映像は衝撃的だった。当時、大学新聞の学生記者をしていた筆者は、紛争国へ通うジャーナリストから、テロ事件から一カ月も立たない一〇月七日には米国のアフガニスタン侵攻によって多くの命が失われたと聞かされた。また、筆者の恩師で、かつてベトナム戦争に従軍した経験をもつ通信社の元記者が「冷戦で米国が勝利して間もないなか、こんな形で資本主義に対する反発が生じるとは驚いた」と話していた。欧米発の情報に囲まれて過ごしてきた多くの日本人にとって、このテロ事件は青天の霹靂のような突然の出来事にみえた。だが、実は西欧覇権主義下の価値観の広がりへの反発として「もう一つの世界」ではずっと前から計画された犯行だったのだ。

この同時多発テロ事件をはじめ、近年の過激派組織ＩＳ（イスラム国）や特定のテロ組織が犯行に至る要因を簡単に言い表すことはできない。しかし、植民地時代に端を発する弱肉強食の時代のはじまりとともに、地球規模で圧倒的なまでの「格差」が生まれたことが影響している点は否定できないだろう。格差の要因は、単に底辺にいる者たちの努力や能力の不足に起因すると一言で片づけることはできない。

世界の国の約八割は「途上国」であり、「一日一・二五ドル未満」で生活する人は一二億人もいるという数字がある。その意味で様々な課題を抱えつつも経済成長を遂げた平和な日本の現在は実はたぐいまれにみる奇跡のようである。

少なくとも経済的には世界のピラミッドの上位に立つ日本は、今後世界のなかでどのように振る舞っていくべきなのか。戦後生まれの日本人にとって、「貧困」を実感する機会はあまりないかもしれないが、これから世界のなかで果たす役割があるとすれば、これまでの成功と失敗の事例を踏まえ、成長を目指す国々の〝正しい発展〟を地球規模の視野をもって支えることではないだろうか。そのことが結果的に「国益」の追求にもつながると思われる。

2 社会を動かす五つの事例

1 新しい公共の担い手たち

本書のテーマである「グローバル化のなかの日本再考」を考えるうえで、一つのヒントになる視点がある。それは、貧富の格差拡大や企業間・国家間競争の激化、地球規模の環境問題の深刻化など、グローバル化の負の部分に向き合い、気の遠くなるような課題の解決に向けて挑戦する日本人の声である。

「国際協力」の仕事は、国際機関をはじめ、外務省や国際協力機構（ＪＩＣＡ）などの行政機関、非政府組織（ＮＧＯ）などの組織が担い、最近では新興国や開発途上国で事業展開する企業も貧困や環境の問題に取り組んでいる。また、「社会起業家」として活動する人もいる。本項ではこれまで筆者がインタビューを行った人物・組織のなかから海外、特に開発途上国での多様な経験をもち、自らの情熱と資金力、ネットワークを通じて社会の変革を志す人の声を紹介してみたい。民間人としての立ち位置で、社会的な課題に注目し、既存の枠組みでは届かない社会サービスの提供を目指して活動する人たちの事例を通じて、これからの

「世界のなかの日本」を考えることとしたい。

2　ケース1　震災直後に支援を集め、被災地へ届ける仕組みを確立

社会的な課題の解決を図る企業や団体を表彰する「日経ソーシャル・イニシアティブ大賞」の授賞式が、二〇一六年六月、東京で開かれた。大賞を受賞したのは認定NPO法人「ピースウィンズ・ジャパン」であった。これまで中東やアフリカを中心に二八カ国・地域で紛争前後の緊急支援や自立のためのサポートを続け、現在は広島県内で飼育放棄された犬の保護活動にも取り組んでいる。

活動のスタートは、一九九四年にさかのぼる。代表理事の大西健丞氏は、英国ブラッドフォード大学大学院で紛争解決や人道的介入について学んだ後、アジア人権基金（当時）のイラク北部担当調整員として難民支援にあたり、ピースウィンズ・ジャパンの設立に至る。しかし、難民キャンプの現場で、欧米のNGOの大規模な活動との差に愕然とし日本の民間支援の無力さを痛感する。

そこで大西氏は、日本のNGOが緊急支援のための資金調達に苦しむ状況を改善しようと、政府や経済界に協力を求め、二〇〇〇年に政府、NGO、経済界が連携する認定NPO法人

「ジャパン・プラットフォーム」の設立を主導し、初代評議会議長に就任した。企業の参画は迅速で充実した緊急支援につながり、日本のNGO活動の底上げにも寄与した。また、二〇〇九年に国内の緊急災害支援を専門とする公益社団法人「シビックフォース」を設立し、二〇一一年の東日本大震災では民間企業の協力の下で、ヘリコプター、フェリー、トラックなどを借りて大規模な物資の調達・配送を実現させた。本来、災害時の人命救助や緊急支援活動は自衛隊や消防、警察などが担うが、大規模な災害時にはそれだけでは不十分だ。資金や人的資源などを有する企業や個人の力を集約して被災地に支援を届ける仕組みの有用性は東日本大震災で証明され、この取り組みはその後、海外へと広がっている。大西氏は、二〇一三年に一般社団法人「アジアパシフィック・アライアンス（A－PAD）」を立ち上げ、アジア太平洋地域でも大規模災害に対応できる体制づくりを始めている。

世界で活動する大西氏が日本に与えるインパクトは大きいと思われるが、特徴の一つは支援に携わる人・モノ・カネの量を増やしたことにある。東日本大震災を機に企業の社会的責任（CSR）を重視する動きが活発化するなか、社会貢献としてNPOを支援する企業が増えた。また、SNSなどの交流サイトを活用し、寄付だけでなく、人々のもつ技術やモノを効果的な支援につなげた。シビックフォースの元理事でヤフー株式会社執行役員の小澤隆生氏は、「大西さんは災害時に何かしなければと駆られる企業や個人の受け皿をつくった」とその功績を語っている。

日本ではまだまだ認められる機会の少ないＮＰＯが、企業と対等に連携していく先駆けの事例といえるだろう。

３　ケース２　不良少年を更生させたフィリピンでの出来事

フィリピン・ルソン島の首都マニラから、北へ車で六時間ほど行った先にパンガシアン州スアル市がある。その村の一角に、フィリピン人と日本人が立ち上げた児童養護施設ＣＦＦ（ケアリング・フォー・ヒューチャー・ファウンデーション、通称「子どもの家」）があり、現在三〇人ほどの子どもたちが暮らしている。設立に携わった日本人は、当時埼玉で〝ツッパリ〟と呼ばれた元不良少年・少女たちの更生に取り組んでいた二子石章さんだ。

はじまりは、一九八五年。「裕福な日本とは異なる環境で何かを感じてほしい」。不良少年たちを変えるために四苦八苦していた二子石さんは、なかなかいうことを聞かない日本の若者二五人を連れてフィリピン・マニラ郊外のハンセン病療養施設を訪ねた。また、第二次世界対戦中に日本軍が駐屯し極めて対日感情が悪いカバナトゥアンという町も訪れ、道路修復作業などを行わせた。そこでは、現地の人々から冷ややかな視線を感じつつも、屈託のない笑顔の子どもたちや地域住民と徐々に打ち解け、最後には現地の市長から「昔ひどいことをした日本人が今は私たちのために働いてくれている」と感謝されることにもなった。日本の歴史や人々のあたたかさに触れた〝ツッパリ〟たちは、この経験を機に気持ちを変え、猛勉強して医者になった人もいる。

そして、「フィリピンに何か恩返しがしたい」と始まったのが、児童養護施設の建設である。その運営では、身寄りのない子どもたちが寝食をともにしながら集団生活のルールや社会性を身につける訓練を積む場となっている。

ひきこもりや社会生活を送ることが難しい日本の若者を、途上国に送り、「生きる」意味を考えさせる取り組みは、実は各地で実施されている。物質的には豊かになった日本が直面する課題を、開発途上国の人々が解決している事実の一端をみると、そもそも〝開発〟とは何かという疑問にもぶちあたる。

4　ケース3　日本に「寄付文化」を育てる

貧困や災害復興、地域活性化、子ども支援、環境問題など国内外の多様な課題に取り組む日本のNPO法人や社団・財団法人などは一〇万以上（国税庁）。任意団体を含めるとその数はさらに増える。他方、財政面や人的側面などにおいて課題を感じている団体は多く、個々の活動だけで社会に大きなインパクトをもたらすには限界がある。

しかし今、日本ではNPOなどを支援する動きが急速に広がっている。特に二〇一一年三月一一日の東日本大震災では、NPOや自治体への寄付額が五〇〇〇億円に上り、国民の八割が震災で寄付をしたとの数字もある。背景には、インターネット経由で資金を集める方法として定着しつつある「クラウドファンディング」など多様な寄付の仕組みを作り上げてきた人々の存在がある。

「各団体の活動報告を通じて寄付者が得た〝寄付の成功体験〟が、さらなる寄付につながっている」。こう分析するのは、「善意の資金一〇兆円時代」の実現を目指して二〇〇九年に設立された日本ファンドレイジング協会である。同協会は、NPOのボトムアップを促す「認定ファンドレイザー資格制度」、非営利組織の資金集めに関わる人と社会貢献に関心がある人を結ぶイベント「ファンドレイジング日本」、二〇一五年に始まった「寄付月間」などに取り組み、二〇一六年一二月に成立した「休眠預金活用法」の後押しも続けてきた。

また、二〇一六年九月、同協会代表理事の鵜尾雅隆氏もサポート役を務める「新公益連盟」

が結成された。分野の枠を超えて協力し合おうと国内外で活動する約五〇団体が参加しており、社会課題の解決のためにビジネスの手法を取り入れ、収益を確保しながら活動の持続を目指す。

社会の課題を解決する主体は、もはや行政や特定の組織だけでは不十分である。ＮＰＯが社会的なサービスを主導できる存在になっていくことで、より多くの人が「一緒に社会を良くしていく」実感を得る相乗効果も期待されている。

5　ケース４　多様性にあふれた社会をつくるための教育

長野県軽井沢で二〇一四年、これまでにない新しい取り組みに挑戦するインターナショナルスクールが誕生した。日本と世界の子どもたちがともに学ぶ「インターナショナル・スクール・オブ・アジア軽井沢（ＩＳＡＫ）」だ。

ＩＳＡＫは、日本初の全寮制国際高校で、二〇一六年一二月現在、世界三九カ国から集まった約一五五人の高校生が学んでいる。生徒の国籍は、アジア、欧米、中東、中南米、アフリカなど様々で、日本人はわずか三割。国籍だけでなく、社会経済的にも多様なバックグラウンドをもつ高校生が在籍し、インドにあるチベット村で育った生徒や、紛争下を逃れてきたソマリアの高校生などもいる。

教員の約九割が外国人。多国籍な環境下で学ぶＩＳＡＫの特徴の一つは、世界の多様な国や地域の現状を、友人を通してリアルに感じられることにある。例えば、歴史の授業では、一国で起きた出来事を取り上げ、「当時、あなたの国では何が起きていましたか」と問う。こうした問いかけから始まるディスカッションは、日本人だけの議論よりはるかに多様な意見に溢れ、世界の出来事に対して当事者意識も芽生える。

リーダーシッププログラムでは、国際社会で活躍する多様なリーダーたちから学ぶワークショップや、生徒たちが自ら課題をみつけ、その解決に向けて取り組む「プロジェクトウィーク」など、主体的に学びを進めていく機会がある。多様な価値観の仲間と協力しながら問いを立てる力や困難に挑む力を養うことで、将来様々な分野において変革を起こせる人材の育成を目指す。

代表理事の小林りん氏は、高校一年次に日本の高校を中退しカナダの全寮制インターナショナルスクールに留学。欧米に限らず世界中から集まってきた生徒とともに学んだ原体験から、大学では開発経済を学び、卒業後に国連児童基金（ＵＮＩＣＥＦ）のスタッフとしてフィリピンのストリートチルドレンの教育に携わった。そして「国家が抱える課題を根本的に解決するためには、草の根の活動だけでなく、社会のシステムを変革していけるようなリーダーの育成が必要」と痛感し、ＩＳＡＫの設立に至る。出身地に関係なく平等に優れた教育の機会を提供し、グローバル社会で活躍できる〝チェンジメーカー〟の育成をミッションとしている。

また、ＩＳＡＫは、家庭の経済状況に応じて、半数以上の生徒に返済不要の全額または部分奨学金を給付しているが、その資金の多くは学校のミッションに共感した民間人がサポートしている。ＩＳＡＫの本当の成果がみられるのは、在校生が社会に出た後だが、すでにＩＳＡＫの教育方針やその手法は内外から注目されている。

6　ケース5　大競争時代の大学改革

大学が今、大きな転換期にある。激動の世界において、大学で身につけるべき能力や資質を再考する動きが欧米を中心に広がり、日本でも知識や技術の習得だけでなく、自らの力で考え、行動できる人材の育成を重視する教育が迫られている。その手段として、開発途上の国や地域に学生を送り、一定の目標を達成させるプログラムを用意する大学がある。

例えば関西学院大学の「実践型〝世界市民〟育成プログラム」がある。特徴は「〝実践的〟

であること」と話す村田治学長の言葉通り、幅広い知識と実践力をもって社会で活躍できる人材を育てている。具体的には、二〇〇四年に国連ボランティア計画（UNV）と協定を結び、二〇一三年からは国連やJICAの青年海外協力隊、国際赤十字委員会（ICRC）、アジアのNPOなどに学生を派遣するプログラムを展開している。

学生が海外で学ぶための制度は今や珍しくはないが、このプログラムでは学生がスタッフの一員となって働く点に大きな特徴がある。担当の關谷武司教授は、「それまで学校や家族に守られて過ごしてきた学生が、派遣先では学生としてではなく一社会人として扱われる。役に立たなければ放っておかれる環境下に身を置き、自らサービスを提供する側に立つことで意識と姿勢が変わる」という。

これまでにない厳しい環境に置かれた学生たちが、しっかり任務を遂行できるよう、大学側が一丸となって事前準備を行い、教職員のなかには途上国での経験が豊富な元青年海外協力隊員もいて、一翼を担っている。帰国した学生たちは、現地で得た経験を大学や母校の高校で発表する機会も与えられる。

一連のプログラムを通じて学びを得た学生たちは、たくましく成長し、知識や語学力だけでなく、寛容さや倫理観を身につけ、世の中を変えていく当事者になろうという意識を持ち始める。村田学長は「中国やインドなどの力が強まり、国際政治の力関係も大きく変貌を遂げるなか、これからの社会に求められるのは、個々人のなかに確固たる〝羅針盤〟を立て、同時に多様性を認める寛容な価値観をもつこと」と語る。貧富の格差が国内外でますます深刻化していくなかで、これからの世代に求められるのは、社会の難しい課題に立ち向かっていくための強い志と不断の努力だと強調する。

3 多様性に寛容な日本社会をつくるために

第二節で挙げたような活動は、今でこそ少しずつ日本社会に認知され賞賛されるようになってきたが、多くは日本社会のなかでの〝マイノリティー〟として注目されない時代を経てきた。しかし、彼らのように世界の課題と真摯に向き合い、〝民〟の立場で日本社会に変化をもたらす人物が、今後もっと増えていかなければ、日本の現行のシステムだけでは立ちいかなくなる時代が来ている。

世界とつながらずして生きてはいけないグローバルな時代に、外国語や知識の習得はもちろん、もっと多様性に寛容な精神が日本社会のなかにあってもよい。グローバルな世界のなかで日本が生き残っていくために、すでに日本のなかにある多様性を大切にするとともに、多様な価値観を受容し、そのなかで物事を捉える目を養う必要がある。

社会を動かす力は、究極的には一人一人の個人の力から生まれる。常に新しい価値観をもってイノベーションを起こしていける人材を生み出すことこそ、これからの日本に必要なことであると確信する。

【参考文献】
(1)『国際協力ガイド』国際開発ジャーナル社、二〇一一年、二〇一二年。
(2)『国際協力キャリアガイド』国際開発ジャーナル社、二〇一四年、二〇一五年。
(3)關谷武司『教育開発論』関西学院大学、二〇一六年。
(4)關谷武司『世界へ挑む君たちへ』関西学院大学出版会、二〇一六年。
(5)『ユニセフ報告書』ユニセフ、二〇一五年。
(6)内閣府ウェブサイト。
(7)「日本経済新聞」二〇一六年九月二日付夕刊。
(8)『寄付白書2015』日本ファンドレイジング協会。
(9)チーム大西ウェブサイト。
(10)ISAKウェブサイト。

第7章 国際開発コンサルタントからみた世界のなかの日本の開発援助

三宅展子

1 開発コンサルタントとは

1 あらゆる領域をカバーする開発援助の実務部隊

一般的に「国際開発コンサルタント」という業種には馴染みが薄い人も多いと思われる。そこで、本題に入る前に業務内容について簡単に触れておきたい。

国際開発コンサルタントについての特定の定義はなく、世界では民間のコンサルティング企業の社員、大学の教員やシンクタンクの研究員、あるいはフリーランスの専門家等が「開発コンサルタント」として業務を行っている。一般社団法人海外コンサルタンツ協会

（Engineering and Consulting Firms Association, Japan、ECFA）によれば、日本の場合、一般的に政府開発援助（ODA）として行われる各種事業の実務を行うために、国際協力機構（JICA）、官公庁（外務省、農業水産省等）および関連機関、国連機関等と雇用契約を結んだ組織・個人を、「開発コンサルタント」と見なしている。大多数のコンサルタントは組織（企業、財団／社団法人等）に所属しているが、なかには個人でコンサルタント業務を行っている人もいる。

ＪＩＣＡや国際機関等が開発援助の企画・立案、運営管理を担う「開発行政官」であるならば、開発コンサルタントは「高度な専門技術と経験を背景に、実際に現地で様々な調査や具体的な作業を実施し、中立的な立場から援助プランを実現していく(1)」人たちということになる。つまり「開発コンサルタント」は、政府や担当機関が策定するＯＤＡ政策・方針・計画に則り、現地（開発途上国）の要望や諸条件に鑑みて、現地で活動を行う開発事業の実務部隊といえる。

具体的な開発コンサルタントの業務は、技術協力プロジェクトの専門家（専門家チーム）として技術移転を行ったり、被援助国の政策策定を支援したり、無償資金協力プロジェクトや有償資金協力プロジェクトにおいて被援助国の社会インフラを建設・整備したり、プロジェクトの施行（進捗）管理を行うほか、評価や調査・研究を実施する等、幅広い。また、その専門分野は、農業・農村開発、林業、水資源開発、環境保全、運輸・交通（港湾、道路、空港など）、鉱工業、エネルギーから、保健・医療、教育、経済、行政、社会一般、人権、ジェンダー、グッドガバナンス、中小企業振興、法制度支援等、開発途上国が直面するあらゆる開発課題をカバーする。

2 コミュニティ開発の仕事

さて、筆者は、一九九二年に青年海外協力隊員としてスリランカに赴いて以来、国際協力NGOの職員、JICAジュニア専門員、JICA企画調査員、開発コンサルタントと、様々な立場から開発途上国への支援活動に従事してきた。対象となる地域には、アジア（東アジア、東南アジア、南アジア）、アフリカ（東アフリカ、西アフリカ）の国々が多い。主な専門分野は、コミュニティの開発である。

コミュニティ開発には、農民組織化（農民グループ、共同組合等の組織化、運営指導）、マイクロ・ファイナンス、ジェンダー配慮、研修実施・運営（リーダーシップ研修、情報共有研修等）、行政やNGO等との連携促進、コミュニティでの開発計画立案および事業実施運営の支援等の活動が含まれる。ODA事業では、コミュニティ開発のみを目的としたプロジェクトは少なく、一般的に農業、保健・医療、教育、小規模インフラ整備等のプロジェクト・チームの一員として活動することが多い。コミュニティ開発の担当者の主な仕事は、これら専門分野の担当者と協力しつつ、プロジェクトの活動成果がプロジェクト終了後も持続的に発現できるよう、コミュニティ（住民）側に受け入れ態勢や運営システムを構築できるよう働きかけることである。また、プロジェクトの実施に携わるだけではなく、プロジェクト開始以前にコミュニティの状況を調査し、運営システムを構築するために必要な支援の内容を検証することも、重要な業務の一つである。

2 開発援助の実効性を阻むもの

1 開発途上国の変貌とその影

ところで、筆者が開発途上国との関わりを持ち始めた一九九二年頃は、現在では「新興国」と呼ばれる国々もいまだ国政や経済基盤の構築に汲々とし、それらを含む開発途上国の多くが内戦や貧困のなかにあった。しかし現在、開発途上国の首都ともなれば、高層ビルが建ち並び、ビジネススーツを身につけた人々が革靴で闊歩している。首都の停電の回数はめっきり減り、ホテル・事務所・商店に入ると、クーラーが肌寒いほど効いている。道路や鉄道などが整備され、通勤時間帯ともなれば、街は自動車やバスで溢れかえる。インターネットはどこでも通じ、老若男女の手には携帯電話がある。トイレの水が流れないことはなく、シャワーからは温かい水が出る。首都から地方都市までの道路はきれいに舗装され、途中のドライブインでも冷えたコーラが飲める。二五年前にはまったく想像できなかったほどの発展ぶりである。

国の政治的安定、経済発展に伴い、地方の貧困層の生活も大きく変わった。農家の家屋は藁ぶき屋根からトタン屋根になり、土壁からブロック作りになり、トイレも各戸で設置されるようになった。化学肥料や優良種子が地方でも購入できるようになり、トラクターで耕起する姿がみられるようになった。また、貧しい家の子どもたちが靴をはいて学校に行く姿も、当たり前にみられるようになった。女子の教育に関する理解も広がり、高等教育への門戸も開かれるようになった。

これらの成果の背景には、開発途上国が各国ODA、国際機関、NGO等の支援を受けつつ、初等教育、安全な水の供給、保健（ワクチン接種、栄養改善、HIV／AIDS対策等）・公衆衛生（トイレの設置）等、ベーシック・ヒューマン・ニーズに関わる分野と、主要な交通網の整備、学校・クリニックの建設、電力開発等の基本的な社会インフラ整備を、少しずつ進めてきたことが大きい。開発途上国政府は、自国の予算・人材を駆使し、経済・社会発展のために努力をしている。しかし、現在の発展を維持し、行政サービスをコミュニティまで届けていくためには、いまだに開発援助を必要としていることも確かである。

その主な要因は、被援助国の予算となる税収の不足、汚職の頻発（監査／清浄化機能の未整備）、行政システムの硬直化（権限移譲の制限）、人材の不足等、「国家」を成立させ動かしていくための構造的な課題である。これらの課題は、我々が様々な開発プロジェクトを実施する際にも、いまだに常に障害となっている。これに対して、開発事業に携わる組織・専門家（開発コンサルタントも含む）は、様々なアプローチで問題解決を支援しようと努力してきた。

2　開発途上国に「機能する政府」はあるか

例えばＩＭＦ・世銀は、経済学的なアプローチに基づき、開発途上国の経済発展に重点を置き、工業化への支援を行うとともに、限られた予算を効率的に運用するためにマクロ経済の安定を図った。しかし、貧困対策として行われた非効率的な補助金や配分等の見直しの結果、貧困層の生活を圧迫し、貧富の格差を増大させてしまうことになった。その反省を踏まえて、一九九〇年代後半から実施されてきたアプローチが、貧困削減政策（PRSP）である。

PRSPの実施は、「セクター・ワイド・アプローチ」の導入と連動していた。これは教育、保健、水と衛生、農業、道路等の分野（セクター）について、各セクターの省庁と関連ドナーが協力してセクターごとの中期計画（三〜五年）と年度計画を立案し、計画にそって開発事業を展開するものである。例えばタンザニアでは、計画立案においてコミュニティレベルから優先課題と対応施策を吸い上げ、国家レベルの計画を策定しているが、多くの国々では基本的に中央政府によって計画が立案されている。

計画された内容は、各国ドナー、国連機関、国際NGO等のプロジェクトも包括し、活動の重複や業務のムダの回避が徹底された。一部の国では、より効率的にドナーの資金を計画の実施に活用するため、ドナーからの資金を国庫にプールし、各施策の実施に開発予算の一部として活用する方法が採られた。日本の技術協力プロジェクトのように、ドナーごとに実施されるプロジェクト型の支援は、このような援助協調の潮流のなかでは好まれなかった。

セクター・ワイド・アプローチは、中央から地方までの行政システムが確立し、それぞれの担当者が自発的に業務を行うことが前提となっている。しかし実際には、政府および行政組織の脆弱性や人的資源の不足、さらに汚職等により予算が現場（地方）まで下りていかず、決められた施策を実施するための資金が不足（もしくは欠如）するという問題があった。

3　当事者の一貫性を欠いた外部者の援助

筆者が専門とするコミュニティ開発の分野では、一九八〇年代後半から一九九〇年代にかけて、それまでの中央政府によるトップダウンでの事業ではなく、農民（住民）からのボトムアップの政策提言を重視する考え方が主流になってきた。これと並行して、バングラデシュのグラミン銀行やインドのセルフ・ヘルプ・グループ等、女性グループの活動を支援する動きが活発化するようになった。ボトムアップでの政策提言を行うために、住民のニーズを引き出すための調査方法も各地で実践された。この手法を用いれば、実際の農民（住民）のニーズを明らかにし、政府や行政が貧困対策に必要な行政サービスを見極めることができるはずであった。

しかし、これらボトムアップによる提言を政策に反映させていくためには、受け皿となる地方行政府の能力向上と中央政府からの権限移譲と予算配分を行う必要があるが、それらを実際に行えた国・地域はわずかであった。彼らのニーズの多くは、ドナーやＮＧＯが受け皿となり、対応することとなった。ただし、ドナーやNGOがプロジェクト・ベースで実施していける範囲は限定的であったため、農民（住民）のなかには、「自分たちのニーズを特定し、政策提言を行うという努力をしたところで、政府からの支援は得られない」とのストレスをもつ人々も少なくなかった。

このように、開発途上国政府のみならず、援助する側も、様々な試行錯誤を繰り返してきた。しかし当然のことながら、援助アプローチを見直し・改善するだけでは、先に述べた課題に対する決定的もしくは普遍的な解決策を見出すことはできない。実際、外部からの支援を受け、どれだけ首都が発展しようが、地方の生活水準が徐々に向上しようが、貧富の格差は拡大するばかりで、持続可能な開発には結びつかなかった。なぜ子どもたちを学校にやるのか、教科書やカリキュラムをどのように作る必要があるのか、トイレを整備する必要があるのか、道路はなぜ整備されねばならないのか、本来は当事者たちの一貫した考え方のもとで行われるべきことである。

セクター・ワイド・アプローチやボトムアップアプローチは、主体となる被援助国もしくは国民のイニシアティブを促進する目的があったが、外部者（ドナーや国連機関、NGO等）からの援助を受けざるを得ず、自らのあり方・国家としての一貫性を担保している余裕はなかったといえる。

3 日本のＯＤＡ事業の特徴

1 「ともに働く」日本の開発援助

日本の援助は、「要請主義の原則」を掲げてきた。「要請主義の原則」とは、相手国が目指す開発の方向性を優先し、常に彼らの要請に従って、必要な社会インフラ（道路・交通網の整備、治水、農業土木、上下水道整備、電力供給、学校・病院建設、環境保全等）の整備と、人材育成（中等・高等教育、職業訓練、農業指導、各種専門技術移転等）のための支援を行うことであった。つまり、被援助国側の政策や予算の立案、プロジェクト実施のための体制（人材、資機材、予算）の確保、施策の実施監理は、彼らの意思決定と責任において行われるべきものであり、日本のＯＤＡは彼らに不足していると考えられる部分（例えば資金、技術者等）の支援を重視している。

この考え方に基づく日本のＯＤＡ事業の特徴としては、プロジェクト型の技術協力を中心に行ってきたことがあげられる。もちろん日本以外の援助機関も様々なプロジェクト型の支援を行っているが、日本ほど現地カウンターパートの人材育成を直接行っているドナーは少ない。人材を育てるためには、一般的に「知識」「技術」「態度」の変革が必要といわれている。日本の技術協力プロジェクトでは、専門家とカウンターパートが、約三〜五年のプロジェクト期間中、プロジェクト目標達成のためにともに働く。専門家は、カウンターパートが業務に必要な知識や技術を単に伝達するだけではなく、彼らが伝えられた知識や技術を最大限に活用して継続的・発展的に成果を産出していくために必要な姿勢（態度）を伝えることも重視しているのである。

2　人と人との関係を重視する手法の課題

筆者が技術協力プロジェクトに従事した際、ある先輩専門家は「カウンターパートの育成をしていく際には、自分の知識・技術と仕事への姿勢を、その人のなかに毎日・毎日注ぎ込まなくてはならない。それは大木に錐で穴をあけるようなものであるが、ひたすら続けていくうちに、奥まで穴があいていくものだ」といわれた。この「熱さ」は、日本ではすでに時代遅れといわれるのかもしれないが、彼のエネルギーは確実にカウンターパートに届き、カウンターパートたちの意識を変えていった。上記の例に限らず、日本の技術協力プロジェクトを通じて、意識を変えたカウンターパートたちは、プロジェクトが終了してからも、職場やコミュニティにおいてチェンジ・エージェント（Change Agents）としてリーダーシップを発揮している場合が多い。このような人材育成は、政策提言のための調査プロジェクトやインフラ整備の事業では実現することが難しい分野であり、日本の援助の特徴となっている。

また技術協力プロジェクトでは、日本が比較優位をもっている技術分野を通じ、開発途上国の支援を行っている例もある。例えば、５Ｓ（整理・整頓・清掃・清潔・躾）、トヨタ自動車のカイゼン等は、労務管理や品質管理のみならず、病院システムの改善等、他分野のプロジェクトにも取り入れられている。また日本の学校で組織されているＰＴＡがアフリカの小学校で実施されているプロジェクトに取り入れられたりしている。なかでも東京アフリカ開発会議（ＴＩＣＡＤ）の理念のもと、アフリカの食糧増産と輸入代替の促進を目指し、各地で稲作振興プロジェクトが実施されている。

しかし近年、このようにカウンターパートとじっくり人間関係を作りながら、技術協力を行えるプロジェクトは非常に少なくなっている。この背景には、ＯＤＡ予算全体が減少していることや被援助国側からの要請に応えられる日本側の技術者が減少していること、援助のコスト・パフォーマンスに関する議論が盛んになっていること等、様々な状況の変化がある。

4 開発援助の構造変化と日本

1 開発途上国の光と影

開発コンサルタントとして主にアジア・アフリカ諸国で業務を行ってきたが、この二五年間で、開発途上国と呼ばれる国々に住む人々の基本的な生活・社会環境は大きく改善してきたと思われる。しかし、アフリカ諸国では約八割の人々が農村部に居住し、農業を生業としている。天水依存の農業が中心であるため、多くの人々は天候不順等があれば直ちに食糧不足や次の栽培計画に影響してしまう脆弱性のなかにある。アジア諸国も順調な経済発展を遂げているが、過酷な労働条件のなかで貧困や人権侵害に直面する人々も少なくない。

これまで述べてきたとおり、多くの国では、いまだ国家予算の財源となる税収の不足、汚職の頻発（監査／清浄化機能の未整備）、行政システムの硬直化（権限移譲の制限）、人材の不足等、「国家」を成立させ動かしていくための構造的な課題に十分に対応できていない。中央や首都に権力と富が集中し、地方には行政サービスを円滑に提供するための人材・資源が十分に配分されていない。その結果、開発途上国の多くが開発予算のほとんどをドナーに依存することとなり、政策の優先度もドナーからの予算が得られる事業か否かで左右されてしまう。

2　援助にみる重層的アクターの登場

しかし、グローバリゼーションが劇的に進むなか、援助する側（北）・される側（南）という構造はすでになく、重層的な構造に変化しつつある。また、平和構築や紛争や災害後の復興支援以外においてはＯＤＡや国連機関による支援が必要となるが、平常時であれば民間セクターの活動の方がＯＤＡや国連機関による支援よりも効果的であることも多い。

これに加えて、二〇〇〇年代に入ってから、アフリカ諸国では中国の借款・無償資金協力が劇的に増加している。日本をはじめ、各国ドナーや国連機関が資金協力している道路や橋梁等のインフラ整備においても、中国の建設会社が工事を受注することが多くなり、現地で活発に活動する中国の人々に会う機会が増えた。最近では、中国以外にも、マレーシア、タイ、ブラジル等、これまで被援助国であった国々のなかにも援助する側として活動を始めている国があるほか、これらの国の民間セクターの進出も活発化している。かつて、ＯＥＣＤ（北）と開発途上国（南）という両極で議論されてきた政治・経済・外交関係に、重層的なアクターが登場してきたのである。

さらに、被援助国のなかにも、人材育成や開発事業を自律的に実施することができるようになった国が出てきている。それらの国は、日本との関係は援助する側・される側ではなく、外交・政治・経済の面の「パートナー」としてのつながりを求めている。このような環境のもと、「パートナー」としてどのような側面支援をすべきかが、今後の日本のＯＤＡの方向性として、より重要になってくるであろう。

【注】

（１）ＥＣＦＡウェブサイト。

第8章

新興ドナーとしての中国の台頭が日本にもたらす影響

六辻彰二

1 新興ドナー・中国の台頭にともなう対立

二〇〇〇年代以降、新興国の台頭にともない、国によって差異があるにせよ、先進国とのあいだで貿易、投資、人権、安全保障などをめぐる対立が表面化しており、開発協力もその例外ではない。経済成長によってドナー（援助の出し手）としても台頭した新興国は新興ドナーと呼ばれ、その開発協力の理念や手法は開発援助委員会（ＤＡＣ）に加盟する先進国や国際通貨基金（ＩＭＦ）、世界銀行などの西側ドナーのそれと大きく異なる。なかでも中国の開発協力は、その規模において他を大きく凌ぎ、西側先進国からの警戒を招いている。本章では、新興ドナーとしての中国の台頭が日本に及ぼした影響と、それを踏まえた日本の開発協力の課題について、「世界の最貧地帯」であるとともに「最後のフロンティア」として各国の関心を集めるアフリカの事例を中心に考察する。

1　台頭する新興ドナー

まず、中国を含む新興ドナーの開発協力の特徴を素描する。表8－1は主要ドナーの援助額を示しており、ここからは西側ドナーの援助額が新興ドナーのそれを大きく上回ることが看取される。ただし、このデータが新興ドナーの資金協力のすべてを反映しているとはいえない。先進国と異なり、新興ドナーは援助提供額をDACに報告する義務を負っていないため、これらが確認される範囲のものに限られ、しかもDACによる政府開発援助（ODA）の規準を満たした援助のみを対象とするからである。

DACの規準では、ODAと認定されるためには、グラント・エレメント（贈与比率）が二五パーセント以上であることなどの条件がある。そのため、例えば将来の資源収入を担保に資源産出国政府に貸し付けを行う輸出信用などの資金協力はその他の公的資金の流れ（OOF）と呼ばれ、レシピエント（援助の受け手）に有利な条件であることを前提とするODA

表8-1　主要ドナーのODA提供額（DACの定義による）

	米国	フランス	ドイツ	英国	日本
ODA提供額（100万ドル）	29,659.20	15,538.80	13,342.30	11,698.30	16,452.10
アフリカ向けODA提供額（100万ドル）	7,997.80	6,445.50	2,297.40	2,932.00	1,932.90
アフリカ向けの比率（%）	27	41	17	25	12
	中国	インド	ブラジル	トルコ	UAE
ODA提供額（100万ドル）	1,947.70	488.00	362.00	707.20	1,038.24
アフリカ向けODA提供額（100万ドル）	n.a.	25.93	n.a.	46.96	147.19
アフリカ向けの比率（%）	25	5〜10	12	7	14

（出所）　AfDB, OECD, UNDP, UNECA. 2011. *African Economic Outlook 2011*. p. 102。

に含まれない。新興ドナーにはODAに該当しない資金協力も目立ち、それを含めると実際の金額はさらに大きいとみられる。例えば、新興ドナーの筆頭とも呼べる中国の場合、二〇〇一年から二〇一〇年まで中国輸出入銀行がアフリカ諸国向けに貸し付けた金額は六七二億ドルにのぼり、これは同じ期間の世界銀行による五四七億ドルを上回ると試算される[1]。

2　新興ドナーの特徴

これを踏まえて新興ドナーに概ね共通する開発協力をみると、そこには大きく以下の四つの特徴があげられる。すなわち、①道路や発電所など大規模なインフラ整備に重点があること、②融資など有償資金協力が中心であること、③「相互利益」の原則のもと、開発協力とそのために必要な財・サービスの輸出をリンクさせるなど、自国の経済的利益を前提とすること、④「内政不干渉」の原則のもと、援助の提供にほとんど条件をつけないこと、である。これらを総合すると、新興ドナーの開発協力には、手法としてのビッグ・プッシュ・アプローチとともに、経済成長にともなう物質的恩恵を重視するプラグマティズムが顕著といえる。ただし、新興ドナーのなかにも差異は見受けられる。例えばイスラーム圏諸国の場合、「相互利益」を前提とする有償資金協力より無償援助が目立ち、ブラジルでは一九八八年憲法で援助と経済的利益を結びつけないことが定められている。(2) つまり、上記四つの特徴は中国やインドなどアジアの新興ドナーに特に目立つのである。

アジアの新興ドナーの特徴を浮き彫りにするために、比較対象として、西側ドナーの特徴を確認しよう。まず上記①の手法と②の資金の形態に関して述べると、一九九六年にDACが報告書『二一世紀の形成』(3) を発表し、同年IMF・世界銀行が重債務貧困国(HIPCs)の債務返済を免除するスキームであるHIPCsイニシアティブを導入して以来、西側ドナーは社会サービスと無償援助を基軸としてきた。これと並行して発展した「貧困削減」の概念は、「個々人が自らの選択肢の幅を広げること」を意味するA・センの「潜在能力」(4) の影響を強く受けており、経済成長を目的化せず、教育・医療の普及やジェンダー平等の確立を通じて個々人の自由を確立することに主眼がある。

この特徴は③の「自らの利益」とも通底する。DACによるODAの定義に象徴されるように、西側ドナーの中心を占める欧米諸国では従来から概して援助とビジネスを明確に区別する傾向が強いが、貧困削減のスタンダード化は、それまで以上に自国の政治的、経済的利益を開発協力から切り離す傾向と連動していた[5]。最後に、④の「相手国の内政への関与」に関して述べると、やはり冷戦終結後の欧米諸国は、市場経済化とともに民主化や人権保護を援助の前提条件としてきた。これは冷戦後の欧米諸国で、自由民主主義と市場経済に普遍的価値を見出す論調が強まったことに由来する。以上を要約すると、一九九〇年代半ば以降の西側ドナーの援助は、「あるべき社会」の実現を目指す規範性と、そのためのボトム・アップ・アプローチを強調する点に大きな特徴があり、この点において実利性と大規模な投資を重視するアジアの新興ドナーと対照的である、となる。

3　開発協力をめぐる対立

このような差異は、新興ドナー、特にその外交方針で西側諸国と大きく異なり、時にこれらとの対立も辞さない中国の影響力の拡大に対する西側ドナーの警戒感を背景に、開発協力をめぐる大きな対立軸となった。二〇〇三年にダルフール紛争が発生したスーダンで、中国が同国政府への開発協力とこの地での油田開発を続けたことは、欧米諸国から同国に対する「国益重視」や「人権無視」といった批判を噴出させる契機となった。さらに二〇〇六年、IMFのA・マゼライ理事（当時）は、新興ドナーによる融資をともなうインフラ整備が返済義務によってアフリカの貧困国の新たな負担になりうると指摘し、その筆頭である中国に強い懸念を示した(6)。これらの批判に対して、中国が「主権尊重」や「要請に基づく援助」などの原則に基づき、逆に西側ドナーの「内政干渉」への批判を展開するなかで、開発協力をめぐる対立は過熱したのである。

2 日本の開発協力のシフト

1 西側ドナーと新興ドナーの狭間

この対立軸において、日本は特異な地位を占める。戦後の日本は西側先進国であることを第一義的な国際的立場としてきた。その一方で、OECDのデータによると、二〇一五年の日本のODAに占めるインフラの比率は約八五・六パーセントで、同年のDAC平均の約一六・一パーセントを大きく上回り、二〇〇五年から二〇一四年までのOOF提供額（約一五一億ドル）はDAC合計（約二六九億ドル）の約五六・二パーセントを占める。(7) また、欧米諸国と異なり、日本がレシピエント政府による人権侵害などを理由に援助停止に踏み切ることは稀である。(8) すなわち、日本は西側ドナーの一員ではあるが、開発協力の手法に関してはアジアの新興ドナーに近いといえる。OECDの報告書では、中国などアジアの新興ドナーによる開発協力は「日本のリサイクル」と表現されている。(9)

2　軸足のシフト

この特徴は日本が開発協力を開始した一九五〇年代から明確であったが、一九八〇年代にそのトーンは抑制された。融資に基づくインフラ整備が中心で、さらに開発協力と連動して日本企業の進出が促されるなど、自国の利益と結びつけたスタイルが、この時期に欧米諸国から「理念なき援助」と批判されたことは、その一つの起点であった。また、相手国の内政に関与しない「政経分離」原則は、冷戦期でもインドシナ三カ国と関係を維持することを可能にしたが、他方でアパルトヘイト体制下の南アフリカの白人政権との関係をも維持させ、一九八八年の国連総会で日本がアフリカ諸国から名指しで批判される要因となった。これらの経験を踏まえて、日本はタイド率（紐付き援助の締める割合）の引き下げや無償援助の増加などの改革を行い、さらに一九九二年に閣議決定されたＯＤＡ大綱で示された原則には、「民主化の促進、市場指向型経済導入の努力並びに基本的人権及び自由の保障状況に十分注意を払う」[10]ことが含まれた。

とはいえ、その後も日本の開発協力には欧米諸国との差異が存続した。貧困削減が開発協力のトレンドになったことを受け、日本は一九九〇年代末からインフラ整備やＯＯＦを段階的に削減したが、他のＤＡＣメンバーと比較してその水準は総じて高いままで、さらにＯＤＡ大綱が発表された後もミャンマーの軍事政権に援助が提供され続けたことに象徴されるように、相手国の内政と開発援助の結びつきは希薄であり続けた。すなわち、立場は西側先進国だが理念や手法がＤＡＣのスタンダードと必ずしも適合しない二律背反の状態は、日本が西側ドナーのトレンドに準拠する方針を示したことで、かえって鮮明になったといえる。

3　伝統的アプローチの加速

この状態は二〇〇〇年代に加速したが、その端緒は二〇〇三年に閣議決定された新ＯＤＡ大綱にあった。そこでは「貧困削減」が重点課題の一つに掲げられたが、同時に「貧困削減を達成するためには、開発途上国の経済が持続的に成長し、雇用が増加するとともに生活の質も改善されることが不可欠であり、そのための協力も重視する」[11]と付け加えられた。ここにみられる「経済成長を通じた貧困削減」には、価値中立的な経済成長を重視するトーンが強く、少なくとも欧米諸国の規範的な貧困削減アプローチと異なる。これを契機に、日本の開発協力における融資に基づくインフラ整備やOOFは段階的に増加したのである。

その一方で、新ODA大綱では「開発途上国の自助努力支援」が第一の基本方針に掲げられた。欧米諸国による一元的な規範の強調と異なり、「自助努力支援」はレシピエントの自主的な決定そのものを重視し、特定のゴールを強要するものでない一方、その決定内容を問わないことをも含意する。すなわち、これは主権平等と内政不干渉の原理を改めて強調するものであり、その点において冷戦期の政経分離に通じるといえるが、いずれにせよ自助努力支援は二〇一五年に閣議決定された開発協力大綱においても基本方針として掲げられている。このように、中国とも共通項の多い日本の開発協力における「伝統的アプローチ」は、二〇〇〇年代以降に再び加速してきたといえる。

3 日本のシフトを促したもの

1 ドナーとしての中国の台頭がもたらしたもの

このような日本のシフトは、新興ドナーとしての中国の台頭、および西側ドナーとの対立の表面化と無縁ではない。C・H・ヒューズは二〇〇〇年代以降の日本政府が中国に対する「封じ込め」のために開発協力を増加させたと強調し、特定の地域の国を対象とするフォーラムもこの一環と捉える(12)。この観点から日本政府が一九九三年から開催してきた東京アフリカ開発会議(TICAD)をみると、中国の影響がうかがえる。表8－2はTICADと、中国が開催してきた中国・アフリカ協力フォーラム(FOCAC)で、それぞれ提示された資金協力の金額を示している。ここからは、中国のアフリカ進出が加速した二〇〇〇年代から日本の援助が急増し、これに応じて中国も協力を拡大させてきた「援助競争」の様相を見出せる。

ただし、その一方で、中国の台頭は日本に、貧困削減のトレンドから距離を置かせる転機をも提供したといえる。先述のように、一九九〇年代の日本政府は部分的に欧米諸国の方針に沿う姿勢をみせたが、下村恭民の「地方開発や農村開発を円滑に進めて貧困削減につなげ

表8-2　TICADとFOCACで示された日本と中国それぞれの主な資金協力

TICAD I（1993）	TICAD II（1998）	TICAD III（2003）
・50億ドルのODA	・9億ドルの無償協力（学校建設など）	・10億ドルの無償協力（教育，水，保健医療，食糧）
	・300億円分の債務免除	・10億6,000億ドルの融資（輸送，通信，エネルギー，水） ・30億ドル分の債務免除 ・3億ドル分の日本企業による投資のための融資（JBIC）
FOCAC I（2000）	**FOCAC II（2003）**	**FOCAC III（2006）**
・100億元の債務免除	・援助増加（金額不明）	・援助の倍増（金額不明） ・30億ドルの融資 ・20億ドルの輸出信用 ・債務免除（金額不明）
TICAD IV（2008）	**TICAD V（2013）**	**TICAD VI（2016）**
・ODAの倍増（14億ドルの2国間無償協力を含む18億ドル） ・40億ドルの融資（インフラ整備と農業開発） ・34億ドル分の投資のための融資（JBIC）	・官民合わせて総額320億ドルの資金協力（140億ドルのODA，65億ドルのインフラ向け融資，NEXIによる20億ドルの貿易保険引き受け，JBICによる1億ドルの輸出信用など）	・官民合わせて総額300億ドルの資金協力（インフラ向けの100億ドルを含む）
FOCAC IV（2009）	**FOCAC V（2012）**	**FOCAC VI（2015）**
・50億ドルの融資 ・168件の債務免除（金額不明） ・78億ドル分の中国企業の投資 ・中国アフリカ開発基金に10億ドル	・200億ドルの輸出信用（インフラ整備，農業，工業，中小企業支援） ・アフリカ連合に6億元の援助	・総額600億ドルの資金協力（50億ドルの無償援助と無利子融資，350億ドルの輸出信用，中国・アフリカ基金と中小企業向け融資のための50億ドルなど）

（出所）　TICADウェブサイト，FOCACウェブサイトから作成。

る上で、社会インフラと経済インフラの境界にこだわることは意味がない」[13]という指摘に象徴される伝統的アプローチを志向する意見は、日本に根強くあった。しかし、一九九〇年代に日本の理念や手法は、西側ドナーのあいだでさらに周辺化した。一九九五年に日本政府の支援のもとで世界銀行から刊行され、経済成長と資源配分における政府の役割を強調した『東アジアの奇跡』が欧米諸国でほとんど評価されなかったことや、一九九九年のG7ケルン・サミットで日本がモラル・ハザード（倫理の崩壊）の危険性を強調し、貧困国の債務免除に消極的な姿勢を示したにもかかわらず、その他すべてのメンバーの賛成によってHIPCsイニシアティブの対象が拡大されたことは、その象徴であった[14]。新興ドナーである中国と異なり、そのメンバーとして日本はDACの方針を少なくとも公式には無視しえないため、事実上欧米諸国が主導する貧困削減レジームのもとで、伝統的アプローチの抑制を余儀なくされたのである。このようにフラストレーションがたまりやすい背景のもと、新興ドナーとしての中国の台頭は、日本政府をしてそれまで抑制されていた伝統的アプローチを加速度的に強化させる発火点になったといえる。表8-2から読み取れるように、伝統的アプローチの強化が打ち出された新ODA大綱と同じ二〇〇三年のTICADⅢで、インフラ整備に関する援助が初めて公式に誓約されたことは、この文脈においても示唆的である。TICADⅣ以降の日本政府は、とりわけ国境での出入国手続きを一元化することで物流の加速を促す多国間インフラであるワン・ストップ・ボーダー・ポストの普及に熱心である。

2　欧米諸国からの「黙認」

ところが、DACの方針からの「逸脱」ともいえる日本の伝統的アプローチの強化に対して、欧米諸国からの批判はほぼ皆無である。そこには、大きく三つの要因があげられる。第一に、日本が伝統的アプローチを強化する一方、一九九〇年代末から開発協力の理念として「人間の安全保障」を掲げてきたことである。これを踏まえて新ODA大綱では、「欠乏からの自由」と「恐怖からの自由」から成る「人間の安全保障」の理念のうち、あらゆる人々が最低限の物質的ニーズを満たすことを意味する前者が基本方針として掲げられた。もっとも、一九九九年に日本政府が国連に創設した人間の安全保障基金への出資額が、ピークだった二〇〇一年の約七七億円から減少し続け、二〇一三年には約八億円にまで低下したことに象徴されるように[15]、そのアピールと内実のギャップは大きい。とはいえ、少なくとも人間の安全保障の提唱によってその開発協力の人道性が強調されたことで、日本政府による伝統的アプローチの強化は、単純な「先祖返り」とみなされにくくなったといえる。

第二に、世界経済の観点からみたタイミングである。日本政府は特に二〇〇〇年代後半からインフラ整備やOOFを増加させたが、この時期は二〇〇八年のリーマンショックに端を発する世界金融危機の発生と符合する。すなわち、このタイミングにおける日本のインフラ整備やOOFの増加は、「開発途上国の景気浮揚を通じた世界経済の下支え」という文脈において、DACメンバーからも受け入れられやすかったといえる。

第三に、欧米諸国が直面するジレンマがあげられる。二〇〇七年のアフリカ・EUサミットでポルトガルの閣僚が「ヨーロッパの政治モデルをアフリカに持ち込むことに関して我々は単純すぎた」[16]と発言したことや、二〇〇九年に米国の有力シンクタンクである戦略国際関係研究所が米国議会にアフリカ向けインフラ援助の増加を提言したこと[17]は、ほとんど条件なしに、貧困削減にこだわらず、インフラ整備を拡大させる中国がアフリカ進出を加速させることに対する欧米諸国の警戒を象徴した。その一方で、援助に携わる国内NGOの発言力や国際的な立場に鑑みれば、欧米諸国にとって貧困削減や人権保護などの方針を転換させることは容易でない。このジレンマは、欧米諸国が日本の方針を公式には否定しないことの一つの要因といえる。すなわち、手法において中国とほとんど差異がない一方、中国と異なり西側ドナーの「内政干渉」を批判しない日本が伝統的アプローチを強化することは、このジレンマに直面する欧米諸国からみて、中国への対抗措置としての意味がある。

これらを反映して、二〇一〇年のDACピア・レビューは「国際協力機構（JICA）は、……すべての活動に人間の安全保障の側面を加えることを試みている。しかし、……特に主要な経済インフラなど大規模なプロジェクトでは難しい[18]」と指摘する一方、「日本は引き続き経済成長を強調し、巨大インフラプロジェクトに焦点を当てている。『人間の安全保障』の視点が加わったことは、こうした成長志向に貧困の側面を促進することに役立った[19]」と述べ、「貧困削減に資する経済成長」の観点から、日本の開発協力は総じて肯定的に評価された。この欧米諸国の「寛容さ」のもと、日本は伝統的アプローチを強化してきたのである。

4 伝統的アプローチの陥穽

1 加速し続けることのリスク

融資に基づくインフラ整備は日本にとって、冷戦期から実績を積んできた、いわば競争力のある手法といえる。さらに、自助努力支援を強調する姿勢は、人権保護や民主化などを援助の前提条件として、場合によっては経済制裁も辞さない欧米諸国とは対照的で、控えめともいえる。ただし、二〇〇〇年代に強化されてきたこれら日本の伝統的アプローチには、大きく二つの課題が見出せる。

第一に、融資に基づくインフラ整備の絞り込みである。先述のマゼライの指摘にあるように、レシピエントからの要請に基づくにせよ、融資に基づくインフラ整備がアフリカ各国を含む貧困国の財政負担となる懸念は大きい。その一方でＨＩＰＣｓイニシアティブの導入以降、とりわけ貧困国に対する債務免除は普及しており、ＴＩＣＡＤⅣ以降は行動計画などで明記されていないものの、二〇〇八年から二〇一五年までのあいだに日本政府がアフリカ諸国向けに行った債務免除は合計一五六八億円にのぼる[20]。その対象国にはセーシェルなどＨＩＰＣｓでない国も含まれ、さらにこのデータはＪＩＣＡと国際協力銀行（ＪＢＩＣ）の貸付けのみであることから、その他を含めれば金額がより大きくなる。すなわち、現代において伝統的アプローチをひたすら加速させることは、日本自身の財政的な持続可能性の観点から懸念が大きいのである。これに加えて、日中が要請主義の原則に基づいて融資に基づくインフラ整備を競うことは、一方ではレシピエントの選択の余地を拡大させるものの、他方ではアプローチしてくる複数の主体に対して選択権をもつ、いわば「売り手市場」であるレシピエントの要請の歯止めをなくしやすい構図をも生む。債務免除が一つのトレンドとなった状況は、これを加速させる。それはむしろ、レシピエントの自助努力を妨げるおそれすらありうる。

以上に鑑みれば、インフラ整備が開発協力の一つの軸であり続けるにせよ、それを絞り込めるかが、日本にとって大きな課題といえる。その場合、冷戦期の米ソが核軍拡競争にともなう緊張のエスカレートと財政負担から軍備管理・軍縮交渉に合理性を見出せたことに照らせば、日中間で援助提供に関する調整を図ることは、相互の利益に資するものである。同時に、インフラ整備を「気前よく」行わないことは、さらに効果的なプロジェクトへの深慮をレシピエントに促すことにも繋がり、自助努力支援の本旨に適うといえよう。

2 「政府間関係の優先」からの脱皮は可能か

第二に、これに関連して、政府から一般の人々へと、自助努力支援の対象の軸足を移すことである。欧米諸国の姿勢が「内政干渉」の批判を受けやすく、さらに外交的に友好関係にある国に対しては人権保護などの条件を緩和させるダブルスタンダードが顕著であるのに対して、日本の姿勢はレシピエントから反発を受けにくい一方、結果的には相手国政府による不公正を看過しやすくもする。欧米諸国から人権問題を理由に経済制裁を受けているスーダンやジンバブエの政府代表がＴＩＣＡＤに支障なく出席してきたことは、その象徴である。すなわち、レシピエント政府の自助努力を重視しすぎれば、その国の人々の自助努力を妨げることにもなりうる。

さらに、相手国の内政に関与することに消極的な立場は、日本自身にとっての不利益をも招きかねない。二〇一二年に日本貿易振興機構（ＪＥＴＲＯ）がアフリカに進出している日系企業一六八社を対象に行ったアンケート調査では、政府に求める支援として、五七・一パーセントの企業が「各種制度の構築・改善指導など現地政府への働きかけ」と回答し、これが第一位であった[21]。アフリカでは法制度や行政機構が発達途上で、裁判官や警察官を含む公務員による汚職なども蔓延しており、日系企業を含む外資にとってビジネスの制約要因となっている。しかし、その是正要求は相手国の暗部に光を当てることでもある。日本政府は開発協力の一環としてガバナンス改善支援などにも着手しているが、改善されない場合の措置がなければ、その実効性に大きな期待は抱きにくい。それは、ひいては日本企業の期待に反するものになりかねない。

これに加えて、二〇一〇年末からの「アラブの春」が各国にもたらした教訓の一つは、相手国の政府とのみ友好関係を維持することのリスクであった。二〇一一年のＨ・ムバラク政権崩壊後のエジプトで反米感情が、M・A・カダフィ体制崩壊後のリビアで反中感情が、それぞれ噴出したことは、その典型である。これらに鑑みれば、政府が当該国を代表する機関であるにせよ、それとの友好関係のみを顧慮するのではなく、相手国の一般の人々に比重を置いたアプローチにシフトすることは、日本自身にとっても重要な課題といえる。そのためにも、相手国政府がパートナーになりやすい大型プロジェクト中心の援助よりむしろ、生活に密着した草の根の援助の拡充が求められる。

新興ドナーとしての中国の台頭は、結果的には日本の開発協力を活性化させる触媒になったといえる。しかし、中国との援助競争を加速するほど、日本の伝統的アプローチがもつ陥穽も浮き彫りになっている。先述のように、欧米諸国のなかにはひたすら規範的なアプローチを強調することを見直す意見が生まれており、他方で自らの利益を自明としていた中国にも技術移転や雇用創出などレシピエントへの「貢献」の模索がみられる。開発協力をめぐる対立軸のなかで特異な地位を占める日本も、自らのアプローチを再考する必要がある点では、同様といえよう。

【注】

（１） *Financial Times*. "China: A New Way of Lending." 24 September 2012.

（２） Myriam Dahman Saidi and Christina Wolf. 2011. "Recalibrating Development Co-operation: How Can African Countries Benefit from Emerging Partners?" *OECD Development Centre Working Paper*. (302). Paris: OECD. p. 8, 21.

（３） DAC, 1996, *Shaping the 21st Century: The Contribution of Development Co-operation*, Paris: OECD.

（４） 例えば、以下を参照。Amartya Sen. 1988. "The Concept of Development." in Hollis B. Chenery and T. N. Srinvasan eds. *Handbook of Development Economics*. 1. North Holland: Elsevier Science Publishers.

（５） この点に関しては、以下を参照。小川裕子『国際開発協力の政治過程—国際規範の制度化とアメリカ対外援助政策の変容—』東信堂、二〇一一年。

（６） *Financial Times*. "China Loans Create 'New Wave of Africa Debt'." 7 December 2006.

（７） ＯＥＣＤデータベース（http://stats.oecd.org）から算出。この点に関する詳細な検討については、以下を参照。六辻彰二"The Shift and Individuality of Japan's Development Cooperation: A Joker in the New Scramble."『横浜市立大学論叢』第六六巻第１号、二〇一五年、七七～一二二ページ。

（８） Furuoka Fumitaka, 2005, "Human Rights Conditionality and Aid Allocation: Case Study of

Japanese Foreign Aid Policy," *Perspectives on Global Development and Technology*, 4(2), p. 125–146.

（9）Saidi and Wolf. *op. cit.*, p. 8.

（10）外務省ウェブサイト「政府開発援助大綱（旧ＯＤＡ大綱）」（http://www.mofa.go.jp/mofaj/gaiko/oda/seisaku/taikou/sei_1_1.html）。

（11）外務省経済協力局「政府開発援助大綱」二〇〇三年、四ページ。

（12）Christopher W. Hughes. 2009. "Japan's Response to China's Rise: Regional Engagement, Global Containment, Dangers of Collision." *International Affairs*. 85(4). pp. 837–856.

（13）西垣昭・下村恭民・辻一人『開発援助の経済学―「共生の世界」と日本のＯＤＡ―（第四版）』有斐閣、二〇〇九年、二五二ページ。

（14）欧米諸国主導の貧困削減レジームと日本の関係については、以下を参照。Motoki Takahashi. 2010. "Japan and the Poverty Reduction Regime: Challenges and Opportunities in Assistance for Africa." in Howard P. Lehman ed. *Japan and Africa: Globalization and Foreign Aid in the 21st Century*. London: Routledge. pp. 117–148.

（15）外務省ウェブサイト「人間の安全保障　実績」（http://www.mofa.go.jp/mofaj/gaiko/oda/bunya/security/statistic.html）。

（16）*The Economist*. "A Desperate Suitor: After China and America, It Is Europe's Turn to Woo Africa." 6 December 2007.

（17） Jennifer G. Cooke. "China's Soft Power in Africa." in Carola McGiffert ed. *Chinese Soft Power and Its Implications for the United States: Competition and Cooperation in the Developing World (A Report of the CSIS Smart Power Initiative)*. Washington D.C.: Center for Strategic and International Studies. 2009. pp. 27–44.

（18） OECD/DAC. *DAC Peer Review of Japan*. Paris: OECD. 2010. p. 29.

（19） *Ibid*. p. 13.

（20） 外務省ウェブサイトから算出。「我が国の債務救済措置（公的債務免除額）（概算値）」(http://www.mofa.go.jp/mofaj/gaiko/oda/seisaku/keitai/enshakan/saimuhouki.html)

（21） ＪＥＴＲＯ海外調査部中東アフリカ課「アフリカビジネスの課題と可能性―二〇一二年度『在アフリカ進出日系企業実態調査』から読み解く」ＪＥＴＲＯ、二〇一三年、七四ページ。

第9章

冷却した日中関係の和解をめざして

段　瑞聡

1 日中関係研究の現状と課題

日中戦争が終結して、すでに七一年の歳月が経った。しかし、今日の日中関係は良好とはなかなかいえない。その最大の原因はいうまでもなく歴史認識問題であるが、尖閣諸島（中国では「釣魚島」、台湾では「釣魚台列嶼」）の領有権をめぐる対立も重要な要素の一つである。日中両国は真の和解を実現するべく努力していくのであろうか、それとも、またいつか来た道に戻ってしまうのであろうか。今、日中関係はまさにそのような岐路に立っていると思われる。本章では、日中両国における日中関係研究の現状を踏まえて、両国の相手国に対する親近感低下の背景、歴史認識のずれ、尖閣諸島問題の議論をめぐる問題点を取りあげ、日中和解の可能性について検討を加えてみたい。

1　日中関係への関心の低さ

日中関係が今日のような状況に陥ってしまったのは、歴史認識問題と領土問題などのほかに、日中両国における日中関係に関する研究不足にも原因があるのではないかと思う。日本においては、中国研究者が数え切れないほど多い。しかし、日中関係を専門的に研究している者ははたしてどれほどいるのであろうか。筆者を含めて、多くの研究者は中国研究をする傍ら、日中関係を研究しているというのが現状である。そのため、おびただしい数の中国関係の研究書に比べると、日中関係に関する体系的な研究書は少ないといわざるをえない(1)。今後、日中関係に関する体系的研究をいっそう強化する必要があると思う。

日本の大学では、中国語履修者が数多くいるが、中国近現代史と日中関係に関する講義が少ないように思われる。筆者自身は毎年最初の授業で中国史上有名な人物、地名、中国の国家主席と日本の首相の名前などを書いてもらうようにしているが、ある学生は「安重根」を中国人としたり、「釜山」を中国の地名にしたり、またある学生は「習近平」を「周近平」と書き、「安倍晋三」を「阿部しんぞう」と書いたりしている。入学したばかりの大学生だからかもしれないが、それゆえ、中国近現代史と日中関係に関する教育を強化する必要があると切実に感じている。

2　中国の大学における日本への関心の低さ

一方、中国の場合はどうであろうか。中国においては、日本語教育者を除いて、日本の政治、経済、文化、文学などを研究している者は一〇〇〇人ほどしかいないといわれている。一三億七〇〇〇万人を有する中国において、日本研究者があまりにも少ないといわざるをえない。筆者の知っている限り、日中戦争あるいは日中関係を研究している者のうち、日本語ができない者もいる。また、大学において、日本語学科に進学する学生は年々減っているといわれている。そのような状況はまさに憂慮に値するものである。

2 相手国に対する親近感低下の背景

1 日中関係におけるいくつかの転換点

表9－1は日本の内閣府が一九七八年より開始した「外交に関する世論調査」のなかの日中関係に関する部分である。この表で分かるように、一九八〇年の時点で、七八・六パーセントの日本人が中国に対して親しみを感じていた。しかし、二〇一五年の時点で八三・二パーセントの日本人が中国に対して「親しみを感じない」となっており、「親しみを感じる」割合は一四・八パーセントしかない。この三五年のあいだに、日中関係は蜜月時代から厳寒の時期に入ってしまったといっても過言ではない。

なぜ日本人の中国に対する親近感がこれほど下がったのであろうか。その原因は様々と考えられるが、この表からいくつかの転換点が見て取れる。一つ目の転換点は、一九八九年である。同年四月から六月にかけて、中国では天安門事件が発生した。中国当局の対応を目の当たりにして、日本人の中国に対する親近感は前年度の六八・五パーセントから五一・六パーセントに低下し、「親しみを感じない」人は前年度の二六・四パーセントから四三・一パーセ

図9-1　中国に対する親近感

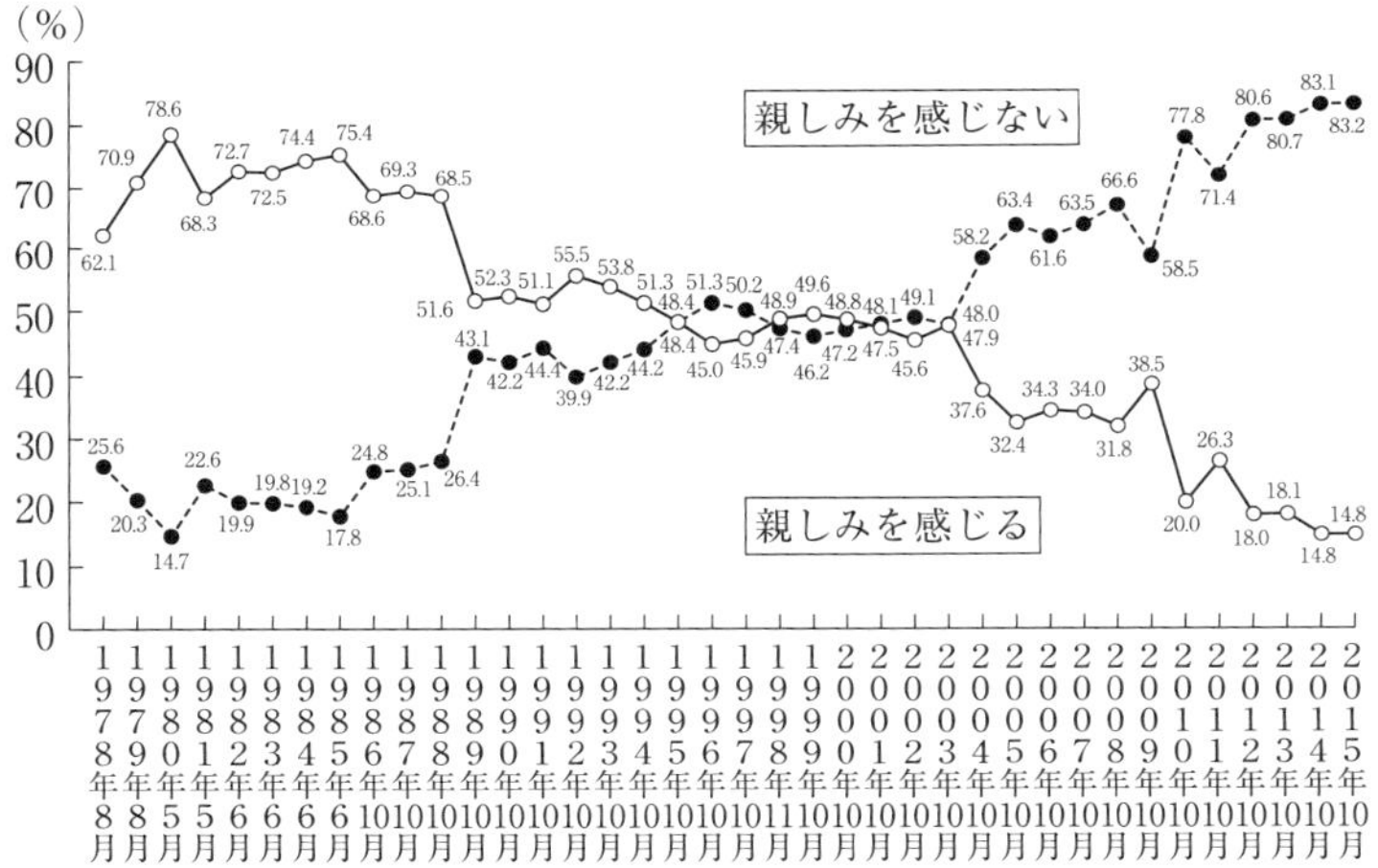

（出所）　内閣府「外交に関する世論調査」http://survey.gov-online.go.jp/h27/h27-gaiko/zh/z10.html　2016年8月22日最終閲覧。

ントまで上昇した。二つ目の転換点は、一九九五年から一九九六年にかけての時期である。一九九五年に台湾の李登輝総統が米国を訪問し、中国当局は猛反発した。また、翌年台湾で行われる総統選挙をけん制するために、中国側は台湾海峡において大規模な軍事演習を行った。そのため、一九九五年の世論調査で、中国に対して「親しみを感じる」人と「親しみを感じない」人はともに四八・四パーセントになった。一九九六年の世論調査で「親しみを感じない」人は、一九八〇年代以降初めて「親しみを感じる」人を上回り、四九・一パーセントに達した。その後、二〇〇三年までは、「親しみを感じる」と「親しみを感じない」は拮抗するような状況が続いたが、二〇〇四年の世論調査では、「親しみを感じない」人は五八・二パーセントまで増加し、「親しみを感じる」人は三七・六パーセントまで低下した。二〇〇一年より、小泉純一郎首相が毎年靖国神社を参拝することによって、中国と韓国では批判が高まった。二〇〇四年にサッカー・アジアカップが中国で開催した際、中国のサッカーファンの過激な行為が日本で報道され、多くの日本人にショックを与えたと考えられる。三番目の転換点は、二〇一〇年に尖閣諸島周辺で起きた中国漁船衝突事件である。同年の世論調査では、中国に対して「親しみを感じない」人は一気に七七・八パーセントまで上昇し、「親しみを感じる」人は二〇パーセントまで低下した。二〇一一年、「親しみを感じない」割合は若干下がったが、二〇一二年日本政府による尖閣諸島の国有化により、日中関係はさらに悪化した。同年の世論調査では、中国に対して「親しみを感じない」人は一気に八〇・六パーセントまで上がり、「親しみを感じる」人は一八パーセントまで下がった。そのような状況が今日まで続いている。

2　親近感低下の主因としての歴史認識と領土問題

特定非営利活動法人・言論ＮＰＯが行った世論調査によると、日本人の中国に対する印象は、「良くない」は二〇〇五年の時点で三七・九パーセントであったが、二〇一五年の時点では八八・八パーセントになっている。二〇〇七年以降、日本人の中国に対する印象が急激に悪化していることが分かる。(2) 言論NPOと内閣府の世論調査の時期と対象などが異なるが、いずれも八割以上の日本人が中国に対して良くない印象をもっていることは事実である。

一方、中国人の日本に対する印象はどうであろうか。言論NPOの調査によると、二〇〇五年の時点で、中国人の日本に対する印象は、「良くない印象」が六二・九パーセントであったが、二〇一五年では七八・三パーセントになっている。しかし、日本政府観光局の統計によると、二〇一五年度に日本を訪れた中国人は約五〇〇万人に達しており、二〇一〇年度に比べると、約三・五倍まで増加している。それに対して、二〇一四年度中国を訪問した日本人は約二七〇万人であり、二〇一〇年度に比べると、一〇〇万人余り減少している。日本人の対中感情が著しく悪化していることは、この数字からも見て取れるのである。

言論NPOの調査によると、二〇一五年の時点で、日本人が中国に「良くない印象」をもつ最も多い理由は、「歴史問題などで日本を批判するから」(五五・一パーセント)で、その次は「資源やエネルギー、開発などの行動が自己中心的に見えるから」(五三パーセント)である。三番目の理由は、「国際的なルールと異なる行動をするから」(四七・九パーセント)で、四番目は「尖閣諸島を巡り対立が続いているから」（四六・四パーセント）である。一方、中国人が日本に「良くない印象」をもつ理由としては、「侵略の歴史をきちんと謝罪し反省していないから」が七〇・五パーセントで最多で、続いては「日本が釣魚島を国有化し対立を引き起こしたから」が六八・一パーセントで、この二つだけが突出している。

以上から分かるように、今日の日中関係に影響を及ぼしているのは主に歴史認識問題と尖閣諸島問題である。

3 歴史認識のずれ

1 ずれの原点としての「戦争」の捉え方

日中間の歴史認識問題は、端的にいえば、日中戦争に対して、どのように認識するべきかをめぐる問題である。具体的には、靖国神社参拝問題、教科書問題と戦後賠償・補償問題などに現れている。

筆者は日中関係もしくは中国近現代史について講義するとき、必ず学生に次のような質問をする。「『戦争』という言葉を聞くと、どの戦争が思い浮かぶか」と。返ってきた回答は、大体「太平洋戦争」と「第二次世界大戦」であり、「日中戦争」という答えはほとんど出てこない。

なぜ、そのような状況になっているのであろうか。周知のように、第二次世界大戦は一九三九年に始まり、太平洋戦争は一九四一年に開始した。しかし、日中戦争が全面的に勃発したのは、一九三七年七月七日に起きた盧溝橋事件である。つまり、日中戦争は太平洋戦争より四年も長い戦争であった。にもかかわらず、なぜ日本人の日中戦争に対するイメージがこれほど薄いのであろうか。

それはおそらく戦後日本の歴史教育とメディアの報道姿勢と関係があると思われる。これまで、多くの学生から「高校では近現代史に入る前に、学校が終わっているため、近現代史について勉強する時間がない」といったような話を聞いたことがある。それは本当に学習する時間がないのか、それとも教員側が教えたくないのか、検討する必要があると思われる。また、日本の大学入試制度も若者の歴史認識に影響を及ぼしていると考えられる。センター入試とは異なり、ほとんどの文科系入試では、世界史、日本史と地理の三科目のうち、一科目だけ受験すればよい。そのため、日本史を学ばない学生が少なくない。

毎年七月から八月一五日にかけて、日本のメディアは一斉に太平洋戦争関連の番組・特集などを放送・報道する。東京大空襲、広島と長崎の原爆投下、沖縄戦などは欠かせない題材である。しかし、日中戦争に関する番組は相対的に少ない。多くの日本人にとっては、太平洋戦争の対象は主に米、英であった。一方、中国人にとっては、日中戦争の相手は日本だけであった。それは、日中歴史認識のずれの原点であるといえる。

2 日中それぞれにとっての靖国神社

日本の首相もしくは主要閣僚が靖国神社を参拝するたびに、中国から批判が出る。そこからも日中の歴史認識のずれがみられる。日本人からみれば、日本の首相が戦争犠牲者を追悼するのは当たり前のことだと考えている。しかし、戦争被害者の中国人からみれば、日本の首相が靖国神社を参拝すると、日本による侵略戦争を正当化することになる。とりわけ、A級戦犯が合祀されているためである。

中国では、毛沢東時代から戦争責任に関して、一貫して「責任二分論」をとってきた。つまり、日中戦争の責任はあくまでも日本の一部の軍人（A級戦犯）によって引き起こされたもので、日本の一般国民は中国人と同じように、ともに戦争被害者であるというスタンスである。それゆえ、もし中国が日本の首相による靖国神社参拝を認めると、「責任二分論」が崩れてしまうのである。一九七二年日中国交正常化の際、中国政府はそのような「責任二分論」をもって、国民を説得して、戦争賠償の請求を放棄したのである。いうならば、中国人が靖国神社そのものに反対しているのではなく、A級戦犯が祀られている靖国神社を、日本の首相が参拝することに反対しているのである。

もちろん、日本の首相が靖国神社を参拝するのは様々な要因がある。個人の信念（例えば、小泉純一郎元首相がいう「心の問題」）、政治的ニーズ（日本遺族会などの支持獲得）などが挙げられる。しかし、それらの要因は中国と韓国の国民に十分に理解されていないかもしれない。小泉首相が在任期間中、中国と韓国の反対にもかかわらず毎年靖国神社を参拝したため、「中国と韓国に屈服しない」という強いリーダーとしてのイメージを日本国民に与え、高い内閣支持率をキープする一要素になった。しかし、それによって日中・日韓の相互不信が増幅されたといわざるをえない。二〇一三年一二月、安倍晋三首相が靖国神社を参拝したが、米国政府は「日本の指導者が近隣諸国との緊張を悪化させるような行動を取ったことに失望している」との声明を在日米国大使館のウェブサイトに掲載した。それ以降、日本の首相による靖国神社参拝が行われておらず、この問題は当面沈静化している。換言すれば、もし日本の首相が靖国神社を参拝しなければ、歴史問題の政治化が避けられるのである。少なくとも中国・韓国などが歴史問題について日本を批判する契機が減るのである。

4 尖閣諸島問題の対立点

1 尖閣諸島問題のルーツと発現

領土問題は最もナショナリズムにつながりやすい。尖閣諸島問題は、二〇一二年九月に日本政府（野田内閣）の国有化によって、一気に表面化した。尖閣諸島の領有権をめぐって、日本、中国と台湾が対立している。中国は、尖閣諸島は台湾の附属島嶼であり、台湾が中国の一部であるため、尖閣諸島は中国の領土であると主張している。一方、日本政府は「尖閣諸島をめぐって解決しなければならない領有権の問題はそもそも存在しない」と主張している。(3)

尖閣諸島問題をめぐって、主に以下のような対立点がある。(4) 第一に、尖閣諸島は日本の固有の領土か、それとも中国の固有の領土か。この点に関しては、外務省元国際情報局長孫崎享は、「一八七〇年代以前に、尖閣諸島が日本の領土であったことはない」とし、歴史的「文献は圧倒的に中国に属していたことを示している」と指摘している。(5) そもそも、琉球と尖閣諸島は別々のものであった。一八七九年に明治政府が琉球王国を滅ぼして、沖縄県を設置した。一方、尖閣諸島は、一八九五年一月明治政府の閣議決定によって日本領にされたのである。当時は「魚釣島」と称され、一九〇〇年に「尖閣」と命名されたのである。

第二に、一八九五年一月明治政府の閣議決定による尖閣諸島の領有化は、国際法に基づく正当な行為であったか。この点に関しては、横浜国立大学名誉教授村田忠禧は「日本政府は一八九五年一月の閣議決定で『久場島、魚釣島』を領有したと称するが、その事実を国際的、国内的に公式に表明していない。まさに戦勝（日清戦争、筆者注）に乗じてこっそりと領有したものであり、（中略）国際法、国内法いずれに照らしても認められるものではない」と指摘している(6)。

2 国交正常化における領土問題の扱い

第三に、日中間に「棚上げ」はあったか。この点に関して、今日の日本政府は一貫して否定している。しかし、外務省元外務事務次官栗山尚一は、「国交正常化に際し日中間において、尖閣問題は『棚上げ』するとの暗黙の了解が首脳レベルで成立」し、一九七八年日中平和友好条約締結に際して再確認されたと指摘している(7)。当時の条約交渉・作成担当者の証言は傾聴すべきであろう。

日本政府関係者だけでなく、当時日本のメディアも「棚上げ」を認めている。一九七九年五月三一日に、『読売新聞』は「尖閣問題を紛争のタネにするな」という社説において、次のように述べている。「尖閣諸島の領有権問題は、一九七二年の国交正常化のときも、去年（一九七八年、筆者注）夏の日中平和友好条約の調印の際にも問題になったが、いわゆる『触れないでおこう』方式で処理されてきた。つまり、日中双方とも領土主権を主張し、現実に論争が〝存在〟することを認めながら、この問題を留保し、将来の解決に待つことで日中政府間の了解がついた。それは共同声明や条約上の文書にはなっていないが、政府対政府のれっきとした〝約束ごと〟であることは間違いない。約束した以上は、これを順守するのが筋道である」と。(8) 当時、日本政府が尖閣諸島の開発調査を行おうとしていたため、中国外交部が遺憾の意を示した。『読売新聞』の社説はまさにそのような背景のもとで掲載されたのである。

二〇一二年九月、日本政府による尖閣諸島の国有化によって、それまでの「棚上げ」という暗黙の了解が完全に崩れてしまい、中国側が尖閣諸島の領有権を明確に主張せざるをえなくなったのである。今、日中両国はこの問題をめぐって引くに引けないような状況に陥っており、一日も早く事態を打開するための方策を講じる必要がある。

3　先に資源を欲したのは日本

第四に、誰が先に資源を狙ったか。今日、日本外務省は「一九六八年秋に行われた学術調査の結果、東シナ海に石油埋蔵の可能性があるとの指摘を受けて尖閣諸島に注目が集まると、中国政府及び台湾当局は一九七〇年以降になって、同諸島の領有権について独自の主張を始め」たと主張している。

この点に関して、朝日新聞社元国際編集部次長野嶋剛は、「『中国がエネルギー欲しさに騒ぎ出した』という歴史理解は決して正確とはいえない」と述べ、「まず、資源欲しさに騒ぎ出したのは日本」であったと指摘している[9]。当時、日本は高度成長下の資源不足に直面し、「日本の自民党、通産省、財界が派手にアクションを取り始めた」ため、台湾が真っ先に尖閣諸島の領有権を提起し、それらを受けて、中国が初めて動き出したのである。

一九七〇年一一月一三日に、日本、台湾、韓国連絡委員会がソウルで開かれ、日本の提案を受けて、東シナ海の海洋資源開発をめぐる協力について討議した[10]。そのような状況に対して、一九七一年一月二五日に開かれた日中国交回復促進連盟常任理事会においては、「沖縄・尖閣列島の海底資源を日・台・韓三国で共同開発することは好ましくないので、議員連盟の名で政府に申し入れるべきだとの意見が出された[11]」。中国側の反発もあり、また米国とのあいだに沖縄返還について交渉している最中であるため、日本政府は尖閣諸島での石油探査をいったん延期することに決めたのである。[12] 事実、当時の中国は必ずしも資源不足に苦しんでいたわけではない。中国が原油輸入国になったのは一九九三年からである。

4 尖閣諸島問題の複雑さ

尖閣問題を複雑化させたのは沖縄返還から現在に至る米国の姿勢である。尖閣諸島の領有権について、米国政府は一貫して特定の立場をとらず、もし中国が一方的に現状を変更しようとするならば、「日米安保条約」第五条を適用するといったスタンスをとっている。つまり、日本の同盟国である米国ですら尖閣が日本の領土であるとは是認していない。この点は認識しておくべきであろう。

以上から分かるように、尖閣諸島問題は様々な要素が絡んでおり、非常に複雑である。二〇一三年に日本と台湾は「漁業取り決め」を締結した。それは、漁業に関する取り決めではあるが、視点を変えてみるならば、日本と台湾のあいだでは尖閣問題を棚上げにしたといえる。日本と台湾のあいだに棚上げができるならば、日中のあいだでできないはずがないと思う。日中両国政府にはそのような決断が求められている。

5 日中和解を実現するために

日本と中国は一衣帯水の隣国である。地理上、お互いが引っ越しすることはできない。もし、日中和解が実現し、両国の関係が改善され、両国が平和的に共存できるならば、両国の安全保障問題の半分以上が解決されたと考えられる。それは結果的に東アジアないし世界の平和にもつながる。

では、どのようにして日中和解ができるのであろうか。

第一に、日中両国が平和共存していく意思表示が必要であろう。そのためには、両国の首脳によるたゆまない対話が求められる。かつて、「存小異、求大同（小異を残して、大同を求める）」という方針のもとで、日中国交正常化が実現できた。今、日中両国はその原点に立ち戻る必要があると思われる。

第二に、相手国に対する誤解、不信感を取り除く必要がある。近年、中国の経済発展に伴い、軍事費も年々増加している。そのような状況に対して、日本ではいわゆる「中国脅威論」が高まっている。一方、中国では日本政府が集団的自衛権の行使を容認し、安保法制を制定したことに対して、日本が再び戦争をするのではといった懸念が高まっている。日中両国にとって、いかにして相手国の信頼を勝ち取るかが課題である。

相互理解と相互信頼を実現するために、政策の透明度を高めるほかに、他者意識が必要である。自国にとって好都合なことばかり強調しては、相手国の信頼は得られないはずである。

第三に、日中両国のメディアによる客観的報道が必要である。メディアは第四の権力と呼ばれているように、その影響力は非常に大きい。恨み、対立を煽り立てるのではなく、客観的で、冷静かつ正確な報道姿勢が求められている。

第四に、各分野の交流と人的交流、とりわけ青少年の交流を強化することである。青少年は近い将来の日中関係の担い手である。学校教育などを通じて、相手国に対する客観的理解が不可欠である。一九七二年日中国交正常化と一九七八年日中平和友好条約の調印を経て、一九八〇年代に中国では日本語ブームが起きた。筆者はまさにそのような状況下で日本語を習い始めたのである。より多くの「知日派」と「知中派」を養成するために、日中両国政府をはじめ、民間を含めて、青少年交流を深めていくことが必要である。

二〇一六年八月一五日に、安倍晋三首相は全国戦没者追悼式で「戦争の惨禍を決して繰り返さない」と誓い、「歴史と謙虚に向き合い、世界の平和と繁栄に貢献し、万人が心豊かに暮らせる世の中の実現に、全力を尽くして」いくことを宣言している。そのような目標が実現できるよう願ってやまない。

【注】

（1）過去一〇年間、日本で出版された日中関係に関する著作は主に以下のようなものがある。毛里和子『日中関係―戦後から新時代へ―』岩波書店、二〇〇六年、岡部達味『日中関係の過去と将来―誤解を超えて―』岩波書店、二〇〇六年、劉傑・楊大慶・三谷博編『国境を越える歴史認識―日中対話の試み―』東京大学出版会、二〇〇六年、殷燕軍『日中講和の研究―戦後日中関係の原点―』柏書房、二〇〇七年、服部龍二『日中国交正常化―田中角栄、大平正芳、官僚たちの挑戦―』中公新書、二〇一一年、家近亮子・松田康博・段瑞聡編著『改訂版　岐路に立つ日中関係―過去との対話・未来への模索―』晃洋書房、二〇一二年、高原明生・部龍二編『日中関係史　一九七二～二〇一二　Ⅰ政治』東京大学出版会、二〇一二年、服部健治・丸川知雄編『日中関係史　一九七二～二〇一二　Ⅱ経済』東京大学出版会、二〇一二年、園田茂人編『日中関係史　一九七二～二〇一二　Ⅲ社会・文化』東京大学出版会、二〇一二年、天児慧編『日中「歴史の変わり目」を展望する―日中関係再考―』勁草書房、二〇一三年、国分良成・添谷芳秀・高原明生・川島真『日中関係史』有斐閣、二〇一三年、劉傑・川島真編『対立と共存の歴史認識―日中関係一五〇年―』

東京大学出版会、二〇一三年、陳激『民間漁業協定と日中関係』汲古書院、二〇一四年、高原明生・菱田雅晴・村田雄二郎・毛里和子編『共同討議　日中関係　なにが問題か―一九七二年体制の再検証―』岩波書店、二〇一四年、園田茂人編『日中関係史　一九七二～二〇一二　Ⅳ民間』東京大学出版会、二〇一四年、岡本隆司『日中関係史』ＰＨＰ研究所、二〇一五年、兪敏浩『国際社会における日中関係―一九七八～二〇〇一年の中国外交と日本』勁草書房、二〇一五年、李彦銘『日中関係と日本経済界―国交正常化から「政冷経熱」まで―』勁草書房、二〇一六年。そのほかに、日中戦争に関する研究書が数多く出版されているが、ここでは割愛させていただきたい。

（2）「第一一回日中共同世論調査」特定非営利活動法人言論ＮＰＯ、二〇一五年一〇月。http://www.genron-npo.net/world/archives/6011.html（二〇一六年八月二二日最終閲覧）。

（3）日本外務省ウェブサイト、http://www.mofa.go.jp/mofaj/area/senkaku/index.html（二〇一六年八月二二日最終閲覧）。

（4）孫崎享『日本の国境問題』筑摩書房、二〇一一年、六一～七二ページ。矢吹晋『尖閣問題の核心』花伝社、二〇一三年、六四～六七ページ。

（5）孫崎享『日本の国境問題』筑摩書房、二〇一一年、六一ページ、六四ページ。

（6）村田忠禧『史料徹底検証　尖閣領有』花伝社、二〇一五年、一二〇ページ。

（7）栗山尚一『戦後日本外交』岩波書店、二〇一六年、二一七～二一八ページ。日中国交正常化時、栗山尚一氏は外務省条約課長の職にあった。

(8) 「尖閣問題を紛争のタネにするな」『読売新聞』一九七九年五月三一日付朝刊。
(9) 野嶋剛「新時代を迎える中台関係と尖閣諸島問題」『東亜』No.五四五、二〇一二年一一月号、一五ページ。
(10) 「日・台・韓の連絡委 一三日から東シナ海開発で」『読売新聞』一九七〇年一一月九日付朝刊。
(11) 「尖閣列島海底資源の開発 三国共同まずい」『読売新聞』、一九七一年一月二六日付朝刊。
(12) 「尖閣列島での石油探査延期」『読売新聞』一九七一年六月一日付朝刊。

第10章 アフリカ諸国の農業・農村分野における日本の技術移転協力の現状

林　幸博

1 基幹産業としての農業

サブ・サハラアフリカの農業・農村の現状は、人口の三分二が農村部に暮らし、また労働人口の三分二が農業分野に従事し、GDPに占める農林水産分野の割合が二六パーセントもある点からみて、農業がアフリカの基幹産業であるといって間違いなかろう。また、一人当たりの摂取エネルギーが二一九四キロカロリーでしかなく、この値は世界平均の二七八九キロカロリーに比べるとかなり低いことから、栄養不足や飢餓の危険性が最も高い地域の一つといえよう。さらに、経済面でもサブ・サハラアフリカ諸国の大半（四八カ国中三三カ国）は後発開発途上国（LDCs）であり、人口の約半分が一日一ドル以下で暮らす貧困層が占めている。

一方、アフリカは豊かな天然資源や美しい自然環境に恵まれており、貿易や投資、観光などによる経済成長の可能性を秘めている地域でもある。これまで、日本は政府開発援助（ODA）によって、アフリカの貧困削減と持続的な経済成長のための協力を進めてきた（『二〇一〇年版　政府開発援助（ODA）白書　日本の国際協力』）。ここでは、日本政府による国際協力のなかで、特にアフリカ諸国の農業分野における開発協力の現状について紹介する。

2　日本政府のODAによる取り組みとTICAD

日本のODA実績純額は、一九九〇年代半ばにアメリカを超えて世界第一位になるまで増加したが、二〇〇〇年以降は減少傾向が続き、二〇〇七年から英米仏独についで第五位にまで落ちてしまった。一方、被援助国から援助供与国への貸付の返済額を織り込まないODA実績総額でみると、二〇一三年までは米国に次いで第二位の位置を維持している（図10－1）。ODA実績純額の推移は、二〇〇一年の九・一一以降から欧米諸国が途上国への援助を増

図10−1　主要援助国のODA実績の推移（支出総額ベース）

（単位：100万ドル）

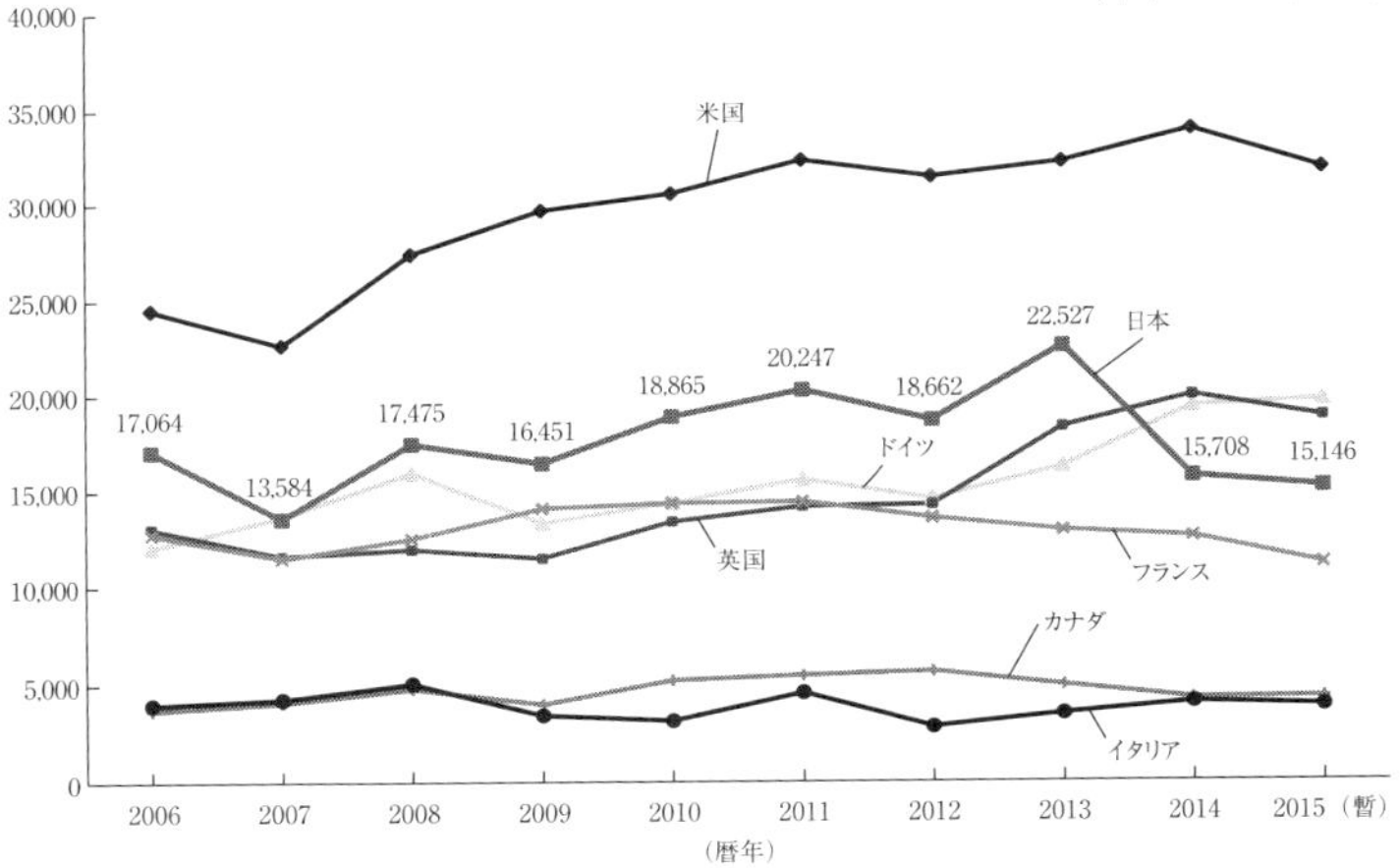

（ 注 ）　卒業国向け実績を除く。
（出所）　OECD/DAC。外務省ウェブサイト。

加させてきたためとされている。ＯＥＣＤ／ＤＡＣ加盟の二三カ国における日本のシェアは七・九パーセント、国民総所得（ＧＮＩ）比は〇・一八パーセントであり、ＤＡＣ加盟国中では二一位である。

一方、二〇一六年度の一般会計ＯＤＡ予算額は五五一九億円であり、一九八五年度の水準まで落ち込んでいる。過去一〇年間の推移をみても、一般会計予算のＯＤＡは減少傾向が続いている（図10‐2）。しかし一方で、アフリカに対する支援だけは後で述べるＴＩＣＡＤ（アフリカ開発会議）における公約実現のために一定の配慮がなされて

図10-2　ODA予算の推移（一般会計と事業予算）

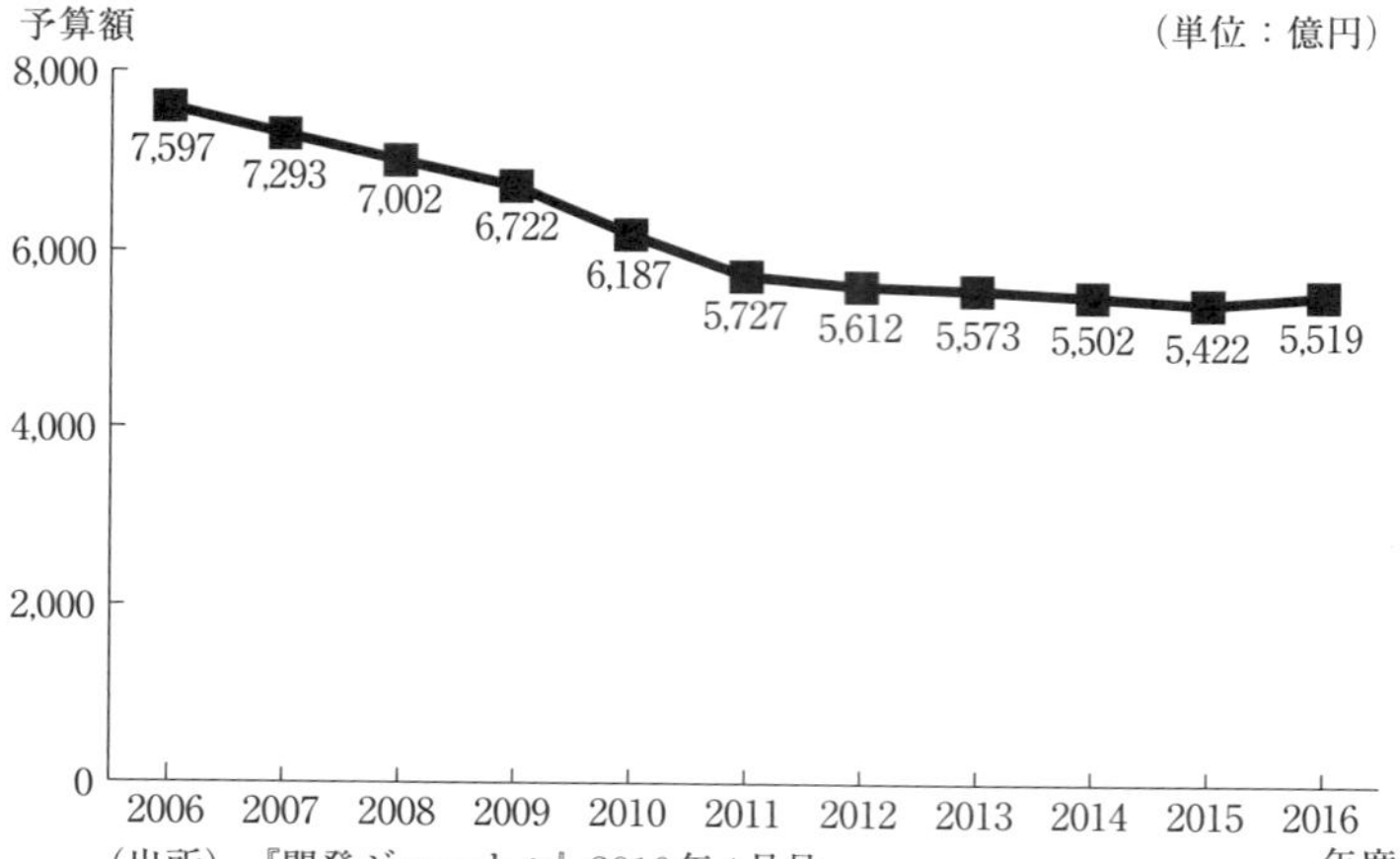

（出所）『開発ジャーナル』2016年4月号。

いるようである。

こうした日本のアフリカ支援の一つは、二〇〇〇年の国連ミレニアムサミットで採択された二一世紀の国際社会の目標である「ミレニアム宣言」に則ったミレニアム開発目標（MDGs）の取り組みである。もう一つは、一九九三年に始まったTICADで議論されてきたアフリカ自身による開発課題への取り組みに対する協力である。TICADは、日本の主導によって国連・国連開発計画・世銀とともに、五年に一度（二〇一六年開催のTICADⅥからは三年に一度となる予定）、アフリカ諸国の首脳級が参集して開催されるアフリカ開発をテーマとする政策フォーラムであり、アフリカ開発の方向性を議論する場となっている。

ＴＩＣＡＤⅠでは、アフリカの自助努力と国際社会の協調をテーマとする議論により、アジアの経験をアフリカ開発に生かす「アフリカ開発に関する東京宣言」が採択された。次いで五年後の一九九八年ＴＩＣＡＤⅡでは、「アフリカの貧困削減と世界経済への統合」を基本テーマとし、社会開発、経済開発、開発の基盤の三分野における行動計画を盛り込んだ「東京行動宣言」が採択された。二〇〇三年に開催されたＴＩＣＡＤⅢでは、アフリカ統一機構（現アフリカ連合）が提示した「アフリカ開発のための新パートナーシップ」（ＮＥＰＡＤ）の実現に向けた議論がテーマとなった。二〇〇八年に横浜で開催されたＴＩＣＡＤⅣでは、経済成長の促進、人間の安全保障の確立、環境・気候変動への対処が議論された。特に、アフリカ内外の民間セクターの役割を重視し、官民連携の強化が打ち出された（『国際開発ジャーナル』二〇一六年三月号）。また、アフリカ農業支援の枠組みは、食糧安全保障の確保、成長を加速化するための農業生産性の向上、生産拡大の重要性、そしてコメ生産量の倍増に取り組むこととし、これらは横浜宣言、横浜行動計画、議長サマリーのなかに盛り込まれた。さらに、二〇一一年五月にセネガルで開催されたＴＩＣＡＤⅣのフォローアップ会合では、「二〇一二年までに対アフリカＯＤＡを一八億ドルに倍増する」という二〇〇八年に出された公約に対して二〇一一年度の援助総額が二〇・五億ドルに達したこと、また「民間投資倍増の目標額三四億ドル」に対しては、二〇〇五～二〇〇九年の平均援助額が四二億ドルに達したことを日本政府は報告した（日本の国際協力二〇一〇年版ODA白書より）。

二〇一三年のTICADⅤではアフリカ連合委員会（AUC）が共催者となり、「経済成長の促進」「インフラ整備・能力強化の促進」「農業・食料安全保障」「平和と安定」「民間投資」が主要テーマとなった。この会合では、日本の民間企業やNGO代表なども多く参加し、アフリカが「援助の対象」から「投資や貿易のパートナー」に変化しつつあることを示す会合となった。すなわち、TICADⅡでも議論された「援助よりも投資を」という提案が現実味を帯びた会合となった（『国際開発ジャーナル』二〇一三年七月号）。

日本政府のなかでも農林水産分野を所管する農林水産省は、二〇〇八年度予算からアフリカ諸国の農村地域の農地・灌漑施設の整備を検討する「アフリカ農村貧困削減対策検討調査費」として二億一〇〇〇万円を予算化している。二〇〇九年度は、TICADⅣで日本が打ち出した「今後一〇年間でコメ生産を倍増」するという目標を踏まえ、新規事業として「アフリカ内陸低湿地における持続的稲作技術実証・普及事業」に六四〇〇万円、「アフリカにおける稲作普及事業」に二億四〇〇〇万円、「アフリカ農村貧困削減対策検討調査」に二億一〇〇〇万円、「節水条件下における水稲栽培技術の開発」に二四〇〇万円を計上した。さらに、「アフリカの土壌肥沃度改善検討調査」に二六〇〇万円、「アフリカ等農業・農民組織活性化事業」に三二〇〇万円、「途上国の生産能力向上のための南南協力促進事業」に一億六三〇〇万円を支出した。二〇一〇年度は、コメの増産支援に加えて「アフリカ半乾燥地における食糧増産のためのササゲ新品種の導入」に、三三〇〇万円が拠出されている。農林水産省の二〇一一年度の一般会計ODA予算は、アフリカの食料増産支援として、コメだけでなくイモやマメ類の収量向上の支援にも配慮した予算になっている。このようにアフリカ支援については、TICADで打ち出された方針に沿う予算建てがなされる傾向にあるといってよいだろう。ちなみに直近の二〇一六年度では、TICADⅥに関わる協力案件が増えている。例えば、「アフリカにおけるフードバリューチェーン構築のための能力強化事業」、「アフリカ等途上国の農業生産拡大支援」や「アフリカにおける地産地消活動普及検討調査事業」などがある（国際開発ジャーナル、二〇〇七年〜二〇一六年より抜粋引用）。

3 国際協力機構（ＪＩＣＡ）によるアフリカ農業への開発協力

ＪＩＣＡによるアフリカ農業支援としては、各援助ドナー国と資金を出し合って支援を行う（コモンバスケット）セクタープログラム援助協調に参加した農業政策支援や、アフリカ諸国の試験研究機関や普及システムの人材育成のための日本人専門家の派遣や日本国内での研修を実施する研究協力・普及活動支援、さらに自立型の少規模農村開発、水田技術の普及やネリカ米（New Rice for Africa）による稲作普及支援、灌漑施設などの農業インフラ整備と老朽化した施設のリハビリ、小規模総合農村開発を住民主体で実施する砂漠化防止対策などがある。

ＯＤＡ予算におけるＪＩＣＡの取り組みを前掲の国際開発ジャーナル誌から引用すると、二〇〇七年度予算では他省庁のＯＤＡが減額されるなかにあって、アフリカ諸国への協力費として四〇億円の政策増額があった。また二〇〇八年度には、ＴＩＣＡＤⅣの開催に合わせてアフリカ支援強化のために五〇億円の増額が認められた。二〇〇九年度の予算もまた、二〇〇五年における小泉内閣が表明した、向こう三年間の対アフリカＯＤＡ費の倍増と、二〇〇八年のTICADⅣの公約を果たすためとして、二〇一二年度までアフリカへの無償資金協力や技術協力向けの予算がつけられた。二〇一〇年度および二〇一一年度のJICA予算の編成に当たっても、TICADⅣでの公約実現につながる予算が確保された（JICA、『国際開発ジャーナル』二〇一〇年二月号）。

4 アフリカにおける稲作振興に対する取り組み

日本政府は、JICAを通じてAGRA（Alliance for Green Revolution in Africa、アフリカ緑の革命のための同盟、ビルゲイツ財団出資組織）と共同で、CARD（Coalition for Africa Rice Development、アフリカ稲作振興のための共同体イニシアティブ、JICA提案）を立ち上げ、ドナー国に対してアフリカ稲作振興に資する情報共有、各ドナーの活動の調和化、新たな資金調達、技術協力の提供を呼びかけた（西牧隆壮「アフリカ農業開発とJICAの役割」『国際農林業協力』第三一巻、No.一・二、二〇〇八年）。

アフリカにおけるイネの栽培面積は、二〇〇七年時には七三四万ヘクタールで、生産量は一四二〇万トン、平均収量は一ヘクタール当たり一・九四トンである。栽培環境は、天水田

図10-3　アフリカにおけるコメの生産量と消費量の推移

（単位：1000トン）

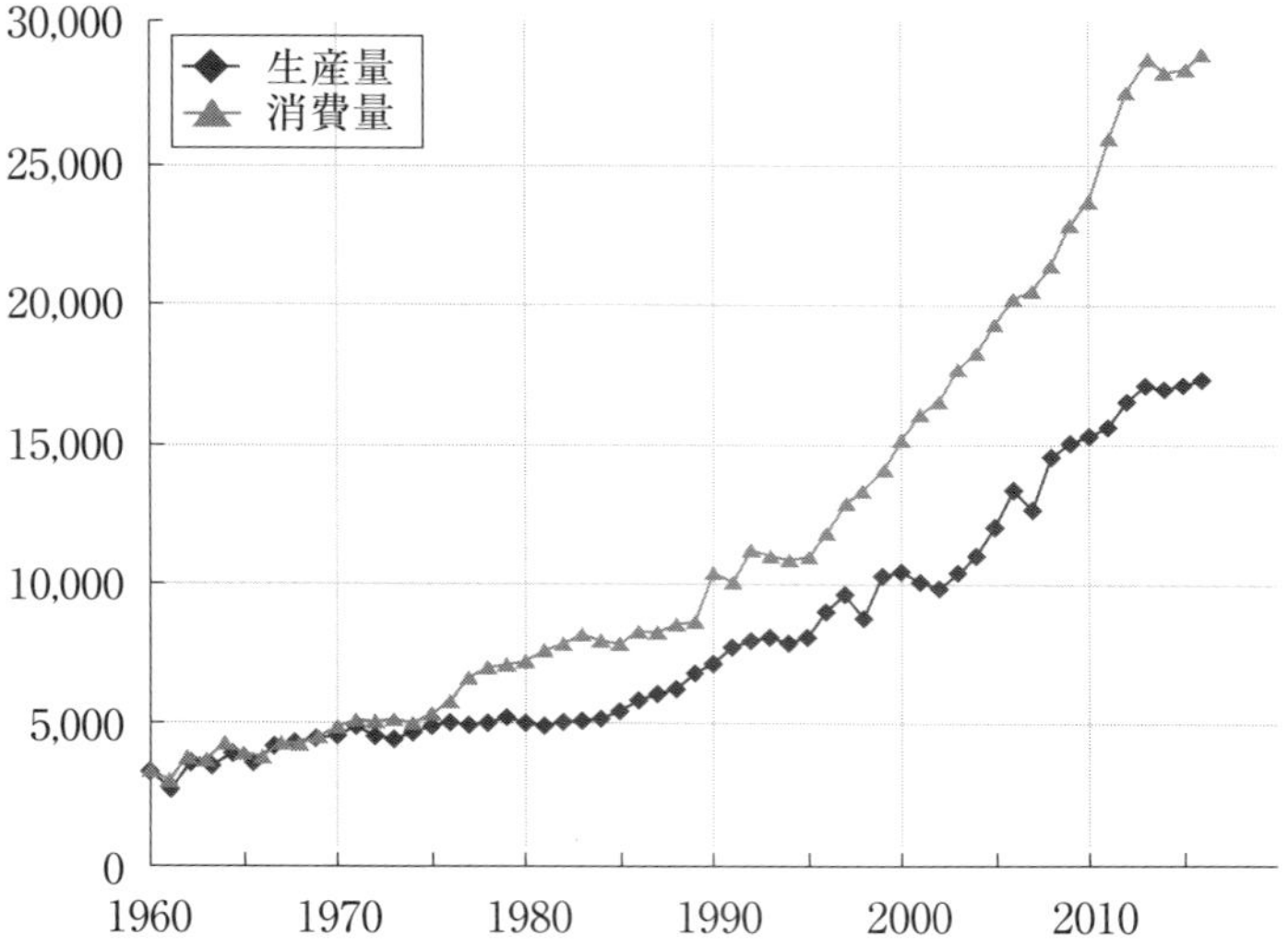

（資料）　USDA: PS&D View September 2016; USBC: International Data Base, August 2006.

（出所）　九州大学農政学研究室作成「世界の食料統計」。

が三八パーセント、灌漑水田は二〇パーセント、天水低湿地が四二パーセントである。サブ・サハラアフリカのコメの自給率は五五パーセントと低迷しており、約半分は輸入に依存している。図10－3に示したように、コメの生産量と消費量の推移は、コメの消費量の伸びが生産量を大きく上回っており、二〇一〇年度には年間約八〇〇万トンのコメが輸入された。こうした背景から、日本政府はT

図10−4　アフリカにおけるコメの生産拡大に向けた研究開発

●ネリカ（New Rice for Africa）
アジア稲×アフリカ稲
○メリット
・短い生育期間
・多収性
●JIRCAS（国際農林水産研究センター）とWARDA（アフリカ稲センター）の共同研究
・1998年以降，JIRCASからWARDAに研究者を派遣し，アフリカ稲の共同研究を実施
○（これまで）ネリカの開発研究
・陸稲ネリカ18系統の開発支援
○（今後）ネリカ等アフリカに適した稲の育種
・乾燥耐性や冠水耐性の付与
⬇
稲の栽培適地拡大の可能性

（出所）　珠玖知志「アフリカをはじめとする開発途上国における農業の生産性向上に向けた日本の取り組み」『国際農林業協力』第31巻第１・２号。

ＩＣＡＤⅣにおいてコメ生産量を一〇年間で倍増するための支援を表明している。

アフリカのコメの生産拡大に向けた研究開発としては、ネリカ米を含むイネの品種改良のために、日本のＪＩＲＣＡＳ（国立研究開発法人国際農林水産業研究センター）とベナンにあるＷＡＲＤＡ（アフリカ稲センター、現 Africa Rice Center）やほかの研究機関が取り組んできた。

ネリカは、アフリカ稲とアジア稲の両方の特性をもち、生育期間が短いのに多収性であり、乾燥環境にも強いとされている（図10－4）。

ネリカから始まったアフリカ稲の品種開発は、さらに新たな品種を生み出した。二〇一三年五月に発表されたアリカ（ARICA、Advanced Rice for Africa）である。アリカは、ネリカ米に比べて一五〜五〇パーセントの生産性が高いとされている。最初に発表されたアリカの五系統のなかには、ARICA1－3が天水低湿地用品種、ARICA4－5は陸稲品種であり、いずれの品種も対象としたNERICA品種に比べて高い収量性を示した。天水低湿地品種は、内陸小渓谷でイネが栽培されているマリ、ナイジェリアで普及する可能性が高い。アリカの開発には研究プロジェクト「アフリカ米における遺伝子の多様性と改良プログラム」での日本人研究者らが大きな力になったといわれる（J. Wardsworth, Cover Interview『国際開発ジャーナル』二〇一三年八月号）。

これに加えて、国際機関であるFAO（国連食糧農業機関）やWFP（世界食糧計画）などの国際機関を通じたアフリカ支援も実施されている。一つは、「開発イニシアティブ」の一環として、FAOを事業実施主体にして、日本の農林水産省が予算を提供する施策である。もう一つは、WFPと連携して住民参加型の小規模灌漑開発の取り組みである。これは、現地の住民が自ら灌漑施設整備を行い、その対価として食料を受け取るFood for Workの仕組みを活用した稲作振興策である（安原学「FAOを通じたアフリカ農業開発への日本の貢献」『国際農

林業協力』三一巻、No.一・二、二〇〇八年)。

5 日本のアフリカにおける南南(三角)協力の事例

南南協力あるいは三角協力は、日本がかつて戦後間もない時期に援助を受けながら援助国として実施した国際協力の一手法でもある。ここでは、日本―ブラジル連携によるモザンビーク農業開発事業が「日本・ブラジル・モザンビーク三角協力による熱帯サバンナ農業開発プログラム準備調査」を経て実施中の「ナカラ回廊農業開発研究・技術移転能力向上プロジェクト(実施期間、二〇一一~二〇一七年)」について紹介する。

これは、かつて不毛の地と呼ばれていたブラジルのセラードにおける日本の農業開発経験を生かし、アフリカ・モザンビークのサバンナ地域の開発に日伯連携で挑もうとする南南(三角)協力の一つである。

ブラジルのセラードは熱帯サバンナ地域の強酸性土壌が卓越する荒地であり、国土の二三パーセントを占めている。ブラジル政府の要請により、一九七四年から日本政府はセラードにおける農産物生産拡大計画「日伯セラード農業開発協力事業」を開始した。総事業費は約六八四億円で、そのうち二七九億円が日本のＯＤＡ資金であった。これにより、入植農家七一七戸が三四・五万ヘクタールを開拓し、結果としてセラード地帯の穀物生産量は急激に増大した。特に、大豆の栽培面積と生産量が著しく増加し、ブラジルを米国に並ぶ大豆生産国まで引き上げた。

このような日本政府による技術協力の知見を生かし、当事国のブラジル政府と共同してアフリカに技術移転しようとする南南（三角）協力が現在進行中である。対象国は、ブラジルと同様にポルトガル語を母語とするモザンビークで、二〇〇七年にＪＩＣＡとブラジル政府との三角協力の連携合意が成立した。その後、二〇〇九年九月から二〇一〇年三月に実施した準備調査の結果、ブラジルセラード開発の知見は、モザンビークサバンナ農業の生産性向上に活用できるものの、社会経済環境は大きく異なっていることから、ナカラ回廊周辺地域の農業開発を実現するためには、まず農家が適正な作物体系を選択する際に活用できる「農業開発モデル」を確立することが有効であるとして、「試験研究の成果の蓄積」と「実証プロジェクトの先行」のために、当該地域の農業試験場の研究能力を向上させ、またパイロット農家における農業技術の実証展示が実施されることとなった。二〇一一年以降現在まで、ＪＩＣＡの委託を受けて、日本の研究機関と開発コンサルタントの専門家が派遣され、相手国側の研究能力と技術移転能力の向上を目指した事業が進行中である（ＪＩＣＡウェブサイト）。

6 今後のアフリカ農業支援の展開

ここでは、国際開発ジャーナル主幹の荒木光弥氏の開発輸入再生によるアフリカ援助に関わる論説を紹介し、今後のアフリカ農業に対する支援のあり方を考えてみよう。荒木氏の主張は、少し長くなるが以下のとおりである。すなわち、①アフリカでは生活費に占める食糧経費が高く、それがアフリカにおける産業振興の足かせになっている。②構造改革による農産品の自由化によって大量の安価な農産品が輸入され、政府から保護されていないアフリカの農業が衰退の一途を辿っている。③アフリカは食糧先進国による食糧輸出の草刈り場になっており、先進国は一種の国際的な〝食糧マフィア〟と呼ばれる存在で、ＷＴＯなどの国際的な枠組みを作って、食糧輸出を合法化している。④中国はアフリカにおいて国策として食糧の開発輸入を行いながら、アフリカ農業の後進性を打破して、途上国のリーダー国家としての政策目的を果たそうとしている。⑤そもそも開発輸入というWin-Winの経済協力は日本のお家芸であったはずである。つまり、資本、技術、経営の一体化した経済活動を通じて途上国の潜在的な資源を開発し、市場を与え、これを輸入することにより日本に必要な資源の安定供給確保に資する。⑥日本は資源のない島国で、海外に資源を求めざるを得ない条件下に置かれているはずであり、日本こそ開発輸入によるアフリカ農業支援を重要な手法にすべきではなかろうか（荒木光弥「羅針盤」『国際開発ジャーナル』二〇一一年八月号）。

荒木氏の指摘は、日本がアフリカの農業開発のために何をなすべきかを的確に言い当てた卓見である。さらに、現在の日本とアフリカあるいは中国とアフリカの関係を考察する際に考慮しなければならない貴重な提案も含まれている。江戸時代から続いてきた「近江商法」にみられる「三方良し」の考え方は、日本に古くからあるWin-Winの経済関係だったはずである。これを国内だけでなく国際協力の場にも適用することで、今後、日本が行うアフリカ農業支援に対してより良い展開が期待できるのではないだろうか。

【引用文献】

（1）『二〇一〇年版　政府開発援助（ＯＤＡ）白書　日本の国際協力』、外務省ウェブサイト、ＯＤＡ実績 http://www.mofa.go.jp/mofaj/gaiko/oda/shiryo/jisseki.html
（2）ＯＤＡ予算詳報、『国際開発ジャーナル』二〇〇七年三月号～二〇〇一六年四月号より抜粋引用。

（3）アフリカと作る未来―可能性とリスクの狭間で―「TICADの変遷」『国際開発ジャーナル』二〇一六年三月号、No.七一二、一三ページ。

（4）TICADV特別報告「対アフリカ　主役は民間投資」『国際開発ジャーナル』二〇一三年七月号、No.六八〇、五〇～五三ページ。

（5）JICAアフリカ支援、『国際開発ジャーナル』二〇一〇年二月号、No.六三九、四八～四九ページ。

（6）西牧隆壮「アフリカ農業開発とJICAの役割」『国際農林業協力』三一巻、No.一・二、二〇〇八年、一二～一七ページ。

（7）世界の食料統計、九州大学大学院農政学研究室 http://worldfood.apionet.or.jp/graph/graph_n.cgi?byear=1960&eyear=2016&country= AFRICA&article=rice&pop=&type=2

（8）珠玖知志「アフリカをはじめとする開発途上国における農業の生産性向上に向けた日本の取り組み」『国際農林業協力』三一巻、No.一・二、二〇〇八年、二～一一ページ。

（9）J. Wardsworth, Cover Interview『国際開発ジャーナル』二〇一三年八月号、No.六八一、三ページ。

（10）安原学「FAOを通じたアフリカ農業開発への日本の貢献」『国際農林業協力』三一巻、No.一・二、一八～二三ページ、二〇〇八年。

（11）JICAウェブサイト、ナカラ回廊農業開発研究・技術移転能力向上プロジェクト、

https://www.jica.go.jp/project/mozambique/001/outline/index.html

荒木光弥「羅針盤」『国際開発ジャーナル』二〇一一年八月号、№六五七、六～七ページ。

三宅展子（みやけ・のぶこ）第7章担当
University of Sussex (UK) MPhil in Development Studies
ビコーズインスチチュート株式会社コミュニティ開発事業部長

六辻彰二（むつじ・しょうじ）第8章担当
日本大学大学院国際関係研究科博士課程満期退学，博士（国際関係）
横浜市立大学講師，明治学院大学講師など
『世界の独裁者』幻冬舎，2011年
『21世紀の中東・アフリカ世界』（共著）芦書房，2006年

段　瑞聡（だん・ずいそう）第9章担当
慶應義塾大学大学院法学研究科博士課程単位取得退学，博士（法学）
慶應義塾大学商学部教授
『蔣介石と新生活運動』慶應義塾大学出版会，2006年。
『改訂版　岐路に立つ日中関係』（共編著）晃洋書房，2012年。

林　幸博（はやし・ゆきひろ）第10章担当
京都大学農学研究科博士課程満期退学，博士（農学）
元日本大学生物資源科学部教授
『グローバリゼーションの危機管理論』（共著）芦書房，2006年
『地球型社会の危機』（共著）芦書房，2005年

チェコ共和国カレル大学社会学部講師
「ウクライナ危機以降の中・東欧諸国の安全保障動向」『年鑑海外事情2016』拓殖大学海外事情研究所，2016年3月
“The Senkaku Islands and Japan: Shifting from Idealism to Pragmatism”, Edited by Riegl. M, Landovsky. J, and Valko. I, *Strategic Regions in 21st Century Power Politics*, Cambridge Scholars Publishing, 2014.

藤坂浩司（ふじさか・ひろし）第4章担当
首都大学東京大学院社会科学研究科修了，修士（経営学）
株式会社ぶぎん地域経済研究所主任研究員

泊　みゆき（とまり・みゆき）第5章担当
日本大学大学院国際関係研究科博士前期課程修了，修士（国際学）
NPO法人バイオマス産業社会ネットワーク理事長，関東学院大学講師
『バイオマス　本当の話―持続可能な社会に向けて―』築地書館，2012年
『地域の力で自然エネルギー！』（共著）岩波ブックレット，2010年

新海美保（しんかい・みほ）第6章担当
日本大学国際関係学部卒業
フリーライター・編集者，元『国際協力ガイド』編集長

【著者紹介】

【編者】

青木一能（あおき・かずよし）第1章担当

慶應義塾大学大学院法学研究科博士課程満期退学，博士（国際関係）

グローバル社会研究所代表，元日本大学文理学部教授，日本大学名誉教授

『これがアフリカの全貌だ』かんき出版，2011年

『グローバリゼーションの危機管理論』（編著）芦書房，2006年

『アンゴラ内戦と国際政治の力学』芦書房，2001年，他多数

【著者】

掛江朋子（かけえ・ともこ）第2章担当

横浜国立大学国際社会科学研究科博士課程修了，博士（学術）

横浜国立大学特任准教授，ケンブリッジ大学ラウターパクト国際法研究所客員研究員

『武力不行使原則の射程―人道目的の武力行使の観点から―』国際書院，2012年

『国際法学の諸相―到達点と展望―』（共著）信山社，2015年

細田尚志（ほそだ・たかし）第3章担当

日本大学大学院国際関係研究科博士後期課程修了，博士（国際関係）

グローバル化のなかの日本再考
■発　行――2017年４月15日初版第１刷
■編　者――青木一能
■発行者――中山元春
■発行所――株式会社芦書房
〒101－0048東京都千代田区神田司町２－５
電話03－3293－0556　FAX03－3293－0557
http://www.ashi.co.jp
■印　刷――モリモト印刷
■製　本――モリモト印刷

ISBN978-4-7556-1284-8 C0031